Temas de reflexión en Ciencias Sociales

Editores

Arturo Magaña Contreras
José Adolfo Pérez De la Rosa
Marielvira Guadalupe Murillo Hernández
Román Jiménez Vera

Temas de reflexión en Ciencias Sociales

Temas de reflexión en Ciencias Sociales. Primera edición: 05 de septiembre de 2024.

Esta obra surge con la Convocatoria para el Curso de Titulación Redacción de documentos de reflexión no derivados de investigación emitida por la Jefatura de Titulación, Seguimiento de Egresados y Mercado Laboral de la División Académica Multidisciplinaria de los Ríos de la UJAT. Los trabajos de colaboración fueron dictaminados mediante el sistema de pares integrado por cuerpos académicos, grupos de investigación y profesores de esta institución educativa. Aunque estos grupos disciplinares y docentes fomentan la reproducción y difusión parcial o total del material contenido, queda prohibida su reproducción total sin contar previamente con la autorización expresa y por escrito del titular, términos de la Ley Federal de Derechos de Autor. Su uso para fines no comerciales se autorizará de forma gratuita previa solicitud. La reproducción para la reventa u otros fines comerciales, incluidos fines educativos, podría estar sujeta a pago de derecho o tarifas.

ISBN Libro en papel: 978-84-685-8375-4
ISBN eBook en PDF: 978-84-685-8376-1

Impreso en España
Editado por Bubok Publishing S.L

Índice

Capítulo 1. Falsa pornografía; consecuencia de la tecnología   01
Elizabeth Jesús-Landeros, Jesús Chan-Hernández, Arturo Enrique Jasso-Rodríguez e Hilda Guadalupe Alperte-Rodríguez

Capítulo 2. Ventajas y desventajas de la implementación de un adecuado programa de reinserción social en México   17
Omar Alejandro de la Cruz Montero, Arturo Enrique Jasso Rodríguez, Jesús Chan Hernández y Jesús Antonio Ramos Ferrer

Capítulo 3. Análisis de los programas sociales aplicados a personas migrantes en México   33
Luz Anayeli Pérez Pérez, Jesús Antonio Ramos Ferrer, Jesús Chan Hernández e Hilda Guadalupe Alperte Rodríguez

Capítulo 4. La criminalística como ciencia básica para el estudiante de Derecho   43
Lucero Guadalupe Palma Que, Marielvira Murillo Hernández, Rafael Rosario Grajales y Gloria Guadalupe Rodríguez Chan

Capítulo 5. Violación a la presunción de inocencia a personas tatuadas: caso El salvador   53
Carla Michelle Laynes Balcázar, José Adolfo Pérez de la Rosa, Jessica Yoselin Pérez Ricardez y Hardy Francisco Platas Rodríguez

Capítulo 6. Efectos de las redes sociales (Facebook, Instagram y Tik Tok) en los estudiantes universitarios: caso DAMR   67
Dulce Cuj Martínez y José Luis Hernández Juárez

Capítulo 7. El acto omiso del gobierno mexicano respecto de   79

la conservación y protección de "Wanha"
*Ninfa del Rosario Zetina García, José Adolfo Pérez de la Rosa
y Erika Guadalupe Ceballos Falcón*

**Capítulo 8. Corrección del acta de nacimiento por identidad
de género en menores de edad**   93
José Armando Villareal Martínez, Jessica Yoselin Pérez Ricardez, José Adolfo Pérez de la Rosa, Martha Esther May Gutierrez y Hardy Francisco Platas Rodríguez

Capítulo 9. Falta de legislación en materia de ciberseguridad financiera   101
José Alberto Díaz Piña, Arturo Magaña Contreras, Adriana Centeno Landero

**Capítulo 10. Reconocimiento legal de las labores de cuidado
como estrategia de empoderamiento global de los derechos
humanos**   109
Elisa Nadine Vázquez Hernández, Marisol González Hernández, Luis Abraham Paz Medina, Carlos Romero Rodríguez Mazariego y José Alberto Díaz Piña

Árbitros invitados   125

Capítulo 1

Falsa pornografía; consecuencia de la tecnología

Elizabeth Jesús-Landeros[1]*, Jesús Chan-Hernández[2], Arturo Enrique Jasso-Rodríguez[3] e Hilda Guadalupe Alperte-Rodríguez[4]

Resumen

La tasa de aumento en la creación de contenido pornográfico hecho con inteligencia artificial crece cada día más, causando un alto nivel de alarma en la población femenina de México. Aunque esto no elimina las posibilidades de que pueda pasarle al cualquiera sin importar el género, son en su mayoría las mujeres quienes sufren las consecuencias en cada contexto posible, causando una serie de efectos negativos en ámbitos tales como el profesional y personal. La finalidad de este artículo es brindarles la información necesaria a la población mexicana acerca de lo que son los deepfakes, como identificarlos y cómo actuar en caso de ser una de estas víctimas. A su vez, se busca analizar la regulación ya existente en nuestro país, ya que sigue siendo insuficiente para combatir este problema que se vuelve más común día con día en la sociedad. En este trabajo se subraya la urgente necesidad de concientizar y actuar frente al problema ya mencionado, por lo cual la colaboración entre el gobierno, la sociedad civil y el sector privado es fundamental para desarrollar estrategias que salvaguarden a las víctimas, promuevan la sensibilización y refuercen las políticas regulatorias.

Palabras clave: imágenes, deepfakes, legislación, tecnología.

---

[1]* Autor de correspondencia: elizabeth.jesland@gmail.com, https://orcid.org/0009-0004-4813-7708, Universidad Juárez Autónoma de Tabasco, División Académica Multidisciplinaria de los Ríos, Tenosique, Tabasco, México.
[2] jesus.chanh@ujat.mx, https://orcid.org/0000-0003-3072-8134, Universidad Juárez Autónoma de Tabasco, División Académica Multidisciplinaria de los Ríos, Tenosique, Tabasco, México.
[3] artjasso753@gmail.com, https://orcid.org/0000-0002-9643-7826, Universidad Juárez Autónoma de Tabasco, División Académica Multidisciplinaria de los Ríos, Tenosique, Tabasco, México.
[4] Universidad Juárez Autónoma de Tabasco, División Académica Multidisciplinaria de los Ríos, Tenosique, Tabasco, México.

INTRODUCCIÓN

La inteligencia artificial se refiere a la capacidad de las máquinas y sistemas informáticos para simular la inteligencia, el pensamiento humano y la resolución de problemas de forma autónoma. Alan Turing, precursor en este campo, en el año de 1936 describió estos sistemas como actuando como humanos. Sin embargo, el uso de esta tecnología puede tener tanto propósitos positivos como negativos, dependiendo de la intención del usuario.

Un ejemplo negativo es la creación de deepfakes, vídeos que superponen el rostro de una persona en el cuerpo de otra mediante algoritmos gratuitos, utilizados principalmente para crear contenido pornográfico con caras de famosos. Estos deepfakes atentan contra la imagen y la privacidad de las personas, generando un imaginario falso y perjudicial. Hoy en día, estas tecnologías están integradas en nuestra vida cotidiana a través de filtros en aplicaciones y redes sociales como Instagram, TikTok, Facebook y Snapchat.

Estas herramientas permiten alterar la apariencia facial y vocal de las personas, lo cual se ha vuelto común en el uso diario de las personas. Sin embargo, el dilema surge cuando estas tecnologías se utilizan para causar daño a otros, especialmente al violar su privacidad e intimidad sexual. La creación de deepfakes se ha vuelto accesible a través de diversas páginas y software, permitiendo la sustitución del rostro de una persona por el de otra en imágenes, audios e incluso en vídeos de larga duración. El motivo detrás de la creación de este tipo de contenido puede variar, desde el aburrimiento hasta la venganza, pasando por la satisfacción de fantasías o la autoexploración.

Lamentablemente, se ha observado un aumento en la utilización de deepfakes con el fin de chantajear, amenazar o extorsionar a parejas y exparejas, lo cual puede tener consecuencias devastadoras en la vida personal, social y laboral de las víctimas ya que pueden llegar a experimentar una serie de emociones negativas, como ansiedad, vergüenza, enojo y humillación, al ver violada su privacidad y la difusión de imágenes manipuladas. Esto puede tener un impacto significativo en su salud mental, calidad de vida, relaciones personales y oportunidades profesionales, especialmente en el caso de las mujeres.

La dificultad para verificar la autenticidad de los videos y eliminarlos de internet deja a las víctimas en una situación vulnerable, con repercusiones sociales, laborales y de salud derivadas de la violencia digital de género.

En resumen, el uso de la inteligencia artificial y las tecnologías asociadas, como los deepfakes, ha generado una nueva serie de problemas relacionados con la privacidad, la intimidad y la seguridad de las personas.

Por lo cual es fundamental concienciar sobre los riesgos y consecuencias de utilizar estas herramientas de manera inapropiada o malintencionada, y trabajar en la implementación de medidas de protección y regulación para prevenir el abuso de estas tecnologías en detrimento de la dignidad y la integridad de las personas.

ANTECEDENTES DE LA IA

La inteligencia artificial se conoce como la tecnología que permite que las máquinas y los sistemas informáticos simulen la inteligencia, el pensamiento y la resolución de problemas, cualidades de los humanos, siendo capaz de realizar actividades de forma autónoma, que normalmente requerirían de asistencia humana. De una forma más simplificada, son sistemas que actúan como humanos según palabras de Alan Turing, precursor del tema (Canle, 2021).

Para poder adentrarnos en nuestro tema principal debemos tener noción de lo que es la inteligencia artificial, y a su vez; remontarnos a sus orígenes o parte de su historia, ya que posee un trasfondo útil e interesante que nos puede servir para entender aún más a fondo estas cuestiones tecnológicas.

Los inicios de la IA se remontan a mucho tiempo atrás, sin embargo, uno de los antecedentes más relevantes data del año 1936 junto al nombre de Alan Turing, que como legado ha dejado las ciencias computacionales entre otros grandes aportes para la humanidad, a su vez fue fiel creyente de que las maquinas podrían imitar el pensamiento humano, convirtiéndose en el coautor del primer programa para jugar ajedrez que venció a un humano en competencia del mismo juego (Briceño, 2018).

La tecnologia posee finalidades buenas o malas, según la intención de quien haga uso de ella, no toma más de 15 minutos crear contenido con ayuda de herramientas tecnologicas y, aterrizando en nustro tema, nos damos cuenta que la mala decisión que tomamos en momentos de ira, basta para arruinar la imagen de alguien e inclusive sus vidas dependiendo de la magnitud del daño que sea causado.

Si bien los Deepfakes han ido ganando atención dia con dia en estos ultimos años es bien sabido que no son algo nuevo, si no que datan de entre los años 2017 y 2018, estos se originan en estados unidos cuando un usuario en Reddit publica un video de contenido sexual con el rostro de Gal Gadot, una actriz conocida por su papel de Wonder woman, lo que el usuario hizo fue utilizar un video ya existente y reemplazar la cara de la mujer que aparece en el video original por el rostro de la actriz. Actualmente gracias a la teconologia es posible crear imágenes, videos e incluso audios, con las voces e imágenes de otras personas sin ellas siquiera estar enteradas (Monroy, 2018; Visus, 2021).

Hoy en dia estas tecnologias se encuentran incorporadas en nuestro día a día y probablemente no nos damos cuentas ya que se camuflan atraves de inofensivos filtros en aplicaciones y redes sociales tales como instagram, tiktok, facebook y snapchat, siendo esta de las primeras aplicaciones en incorporar estos filtros que permiten cambios en el rostro desde deformacion hasta sustitucion del mismo, acompañado de cambios en la voz, tales como hacerla más grave o más aguda.

Dado que la tecnología es en este punto algo ya común en nuestras vidas, hoy todos contamos con estos medios tecnológicos al alcance de nuestras manos para facilitarnos muchas cosas y brindarnos acceso a información que tal vez no imaginamos que existe, la tecnología de hoy es totalmente distinta a su precursora en el año 1936, sin embrago la "función" es la misma, resolver nuestros problemas con rapidez y facilidad.

II.   LAS TECNOLOGÍAS Y SU MAL USO

A través del tiempo la tecnología se ha vuelto una herramienta esencial en la vida del ser humano, llegando así a convertirse en seres dependientes de estos recursos. Hoy en día las familias de todo el mundo emplean medios tecnológicos para satisfacer sus necesidades y facilitar su día a día.

Pero ¿Qué sucede cuando utilizamos las nuevas tecnologías para dañar a otros? Sobre todo, haciéndolo de una de las peores maneras que puede haber, violando su privacidad e intimidad sexual, sabemos que estas herramientas son solo medios para lograrlo y que lo que realmente es lo dañino, son las intenciones de las personas.

Uno de los medios más comunes para lograr esto, es a través de la creación de *deepfakes*, actualmente existen muchos páginas y softwares con tecnología más que suficiente para crear *deepfakes*; un *deepfake* es un vídeo que superpone la cara de una persona en el cuerpo de otra. es posible gracias a algoritmos gratuitos y fáciles de usar. Se ha empleado, eminentemente, para crear vídeos pornográficos, con el rostro de actrices famosas pero atenta contra la imagen cualquiera, construyendo un imaginario falsificado y perverso (Cerdán Martínez & Padilla Castillo, 2019) utilizando medios tecnológicos, actualmente se pueden crear imágenes, audios e incluso videos de larga duración.

La creación de este tipo de contenido puede verse incitado por distintas situaciones, las razones más comunes son el aburrimiento, para distraerse de situaciones que afecten al sujeto en la realidad, para cumplir fantasías, el poder satisfacerse sexualmente, la curiosidad y el placer sexual, la autoexploración e incluso para poder deshacerse del estrés, desafortunadamente también para hacer daño y en ciertos casos, vengarse.

Desafortunadamente este tipo de problema se ve más influenciado por la venganza de lo que debería, a través de la difusión y creación de contenido íntimo y sexualmente explícito sin consentimiento, esto con fines de chantajear, amenazar e incluso extorsionar a parejas y exparejas convirtiéndolo en un acto misógino, el

[4]

hecho de que aun exista un vínculo, es decir; "que aun sean pareja" no nos asegura que jamás lleguemos a ser víctimas de los *deepfakes*, generalmente esto se hace con la intención de controlar, castigar y dañar la reputación de la persona (Madrigal, 2021).

La ciberviolencia de género, manifestada en *deepfakes* pornográficos y acosos en línea, compromete la privacidad, reputación y salud mental de las mujeres, socavando la igualdad de género en el entorno digital (González Véliz & Cuzcano Chavez, 2024) debido a que en la epoca en la que nos encontramos es comun que como personas querramos compartir partes de nuestra vida por medio de las redes sociales independientemente con la finalidad que esto tenga, ya sea porque se aspira a ser alguien reconocido en este medio, o porque simple y sencuillamente es la forma que tenemos de mostrar a familiares y amigos lejanos que es de nuestras vidas hoy en dia.

Se sabe que una vez que publicamos fotos nuestras a cualquier red social estas pasan a ser de "dominio público" ya que cualquier persona puede tener acceso a ellas según nuestras configuraciones de privacidad, sin embargo eso no es justificación para terminar siendo víctimas de este tipo de conductas y situaciones, llegando a ser víctimas de extorción y chantaje causando problemas en ámbitos tales como el personal, social, laboral o profesional e incluso llegando a perturbar la paz o salud de mental de quienes se ven perjudicados por esto.

III.   AUMENTO DE LA CREACIÓN DE DEEPFAKES

El problema con los *deepfakes* es que hoy en día ya son fáciles y rápidos de hacer, por lo que es bastante común encontrarse con personas afectadas debido a este problema con cada vez mayor frecuencia, desafortunadamente quienes se dedican a crear y distribuir este tipo de contenido no hacen distinciones entre sus "víctimas" ya que pueden ser mujeres adultas a menores de edad, en este último caso ya se incurre a cometer el delito de poseer, crear, distribuir y consumir pornografía infantil.

Tal es el caso de 34 niñas en la ciudad de Westfield; New Jersey, cuando en una junta escolar las menores de 10º grado de 14 años alertaron a los directivos del colegio que los chicos de su clase habían usado inteligencia artificial para fabricar imágenes sexualmente explicitas de ellas y además de eso, también estaban haciéndolas circular (Singer, 2024).

Entre los años transcurridos de 2022 y 2023, la cantidad de pornografía *deepfake* creada aumentó un 464 %, pasando de 3725 videos en 2022 a 21.019 en 2023 (Bigas Formatjé, 2023) estas cifras se convierten en cantidades exorbitantes si analizamos que cada video puede representar a una persona siendo "victima" de este acto tan cruel.

[5]

Cómo puede verse a lo largo de la información, la creación de desnudos falsos y lastimosamente su consumo, comparten altas cifras en cuanto crecimiento se trata, cada vez es más y más recurrente encontrar personas que hayan sido víctimas de este problema, que si bien no es algo pase exclusivamente al género femenino, si es a quienes se les ve más afectadas en ámbitos personales, profesionales, psicológicos, etc.

IV.   CONSECUENCIAS EN LAS VICTIMÁS

Siendo más específicos con lo expuesto en el párrafo anterior, las víctimas de *deepfakes* experimentan ansiedad, vergüenza, enojo y humillación debido a la violación de su privacidad y la difusión de imágenes manipuladas y es cierto que Las fotografías creadas mediante *deepfake* no son reales, pero sí lo son las consecuencias. Esto puede provocar problemas de salud mental, traumatismo y afectar su calidad de vida, relaciones personales y oportunidades profesionales, especialmente para las mujeres. La dificultad para verificar la autenticidad de los videos y eliminarlos del ciberespacio deja a las víctimas en una posición vulnerable. Las repercusiones sociales, laborales y de salud derivadas de la violencia digital de género pueden ser significativas (SPH DIGITAL, 2023).

En este punto del ensayo, sería absurdo negar lo innegable, y esto es el hecho de que cuando las mujeres son "utilizadas" para crear cualquier tipo de contenido *deepfake* terminan siendo objeto de injurias, vilipendio y desacreditación a su persona como seres humanos en cualquier ámbito, ya sea personal o profesional.

Ciertamente esto puede pasarle a cualquiera sin importar el género, pero mientras a las mujeres las cosifican, las humillan haciéndolas protagonizar escenas eróticas y sexualmente explícitas, a los hombres los utilizan para "ridiculizarlos" en videos de comedia, pueden ser con fines políticos incluso, ostentando al poder y claramente, con un buen traje o simple y sencillamente con cualquier prenda que usarían en un día a día (Cerdán Martínez & Padilla Castillo, 2019).

Las víctimas de estas violaciones y formas de explotación sexual tienen la tendencia a experimentar alteraciones en su entorno, tales como el síndrome de persecución, la segregación y burlas, la configuración de su imagen social, alteraciones emocionales como estrés, ansiedad e incluso efectos físicos como sarpullidos en la piel o caída del cabello (Piña, 2023).

Tampoco podemos descartar que las víctimas de este tipo de vandalismo terminen sufriendo todo tipo de perdidas, desde ofertas de empleo que quizá pudieron ser "la oportunidad de su vida", terminar siendo recluidas socialmente por señalamiento de la sociedad tal vez incluyendo amigos, familiares, parejas y conocidos, que caigan en chantajes de índoles económicos por algo que no es culpa suya, en el peor de los casos, puede ser tanta la pena, la vergüenza, el dolor de ser ultrajada de esa forma, que yo; personalmente, me atrevo a decir que pueden llegar a sumirse en una inmensa depresión, que en el peor de los casos podría terminar en suicidio.

Para que los perpetradores puedan llevar a cabo su cometido, es decir; que puedan crear los *deepfakes*, tienen que apoyarse de distintos medios tecnológicos, desde tener conexión a una red de internet y equipos de cómputo u cualquier otro dispositivo como un celular, una laptop o *tablet*, hasta las aplicaciones o softwares que permitan hacer este tipo de contenido.

Un ejemplo de este tipo de "programas" puede ser Adobe Photoshop, este es un programa que nos permite editar fotografías de manera profesional, y si bien su finalidad es usarse para mejorar la calidad de fotografías, cambiar detalles como luces y sombras, es cierto que también se puede realizar el reemplazo de rostros con las herramientas que este software nos ofrece.

Desafortunadamente en internet ya podemos encontrar publicidad que nos ofrezca "desvestir" o "desnudar" a quienes nosotros queramos, estos anuncios facilitan el acceso a páginas de internet, aplicaciones, softwares o programas e incluso servicios de "profesionales" en el tema a los cuales con proporcionarles una fotografía de cualquier persona y una pequeña "donación" pueden crear el contenido que desees.

Tristemente basta con escribir las palabras *deepnude* o *deepfake* en el buscador de tu navegador para que puedas dar con este tipo de anuncios y páginas, comúnmente se utilizan programas descargables que posteriormente se ejecutan en la computadora, los más comunes son; Faceswap, Deepface live, Deepfacelab, Simswap, Facefusion y Real time voice clonning; que se enfoca más en la parte clonar o imitar voces.

V.   MEDIDAS LEGALES A NIVEL INTERNACIONAL

El Gobierno del Reino Unido ha anunciado una nueva iniciativa dentro de su programa de seguridad en línea, que establece que producir *deepfakes* explícitos de una persona sin su consentimiento será considerado un delito. Las personas que utilicen esta tecnología para generar y compartir contenido de este tipo en internet tendrán un proceso judicial y una multa, incluso si no tenían la intención de difundirlo y solo buscaban causar alarma o angustia a la víctima (Miranda, 2024).

La nueva ley aplicará sanciones más severas a aquellos que compartan este tipo de contenido en línea, con la posibilidad de ser enviados a prisión en casos en que las imágenes generadas viralicen. La modificación de la Ley de Seguridad en Línea permitirá acusar a los responsables de dos delitos, tales como la creación y compartición de contenidos digitales sin previo consentimiento (Cooban, 2024).

[7]

De acuerdo con el proyecto de ley presentado, cualquier persona que cree imágenes o videos de otro adulto sin su consentimiento, aunque no tengan intención de compartirlos, se enfrentará a un registro penal y multas ilimitadas. El Departamento de Justicia del Reino Unido ha anunciado que compartir deepfakes explícitos sin consentimiento ya es ilegal en Inglaterra y Gales, con posibles sanciones de prisión para los infractores.

Laura Farris, ministra de Víctimas y Protección del Reino Unido afirmó que el país sería pionero en la prohibición de la creación de contenidos de contenido sexualmente explícito. El nuevo delito solo se aplicará a adultos y abarcará tanto imágenes pornográficas como desnudos falsos, ya que en el caso de los menores de edad ya se trata de un delito, el cual sería la posesión y distribución de pornografía infantil (Cooban, 2024; Miranda, 2024).

En la Unión Europea, se ha establecido una normativa que acatará la creación de "*deepfakes*" sexualmente explícitos. En caso de verificar la normativa establecida, los 27 estados integrantes del bloque deben elaborar las leyes nacionales pertinentes. (Cooban, 2024) En menos de 20 estados de los Estados Unidos, tienen regulaciones específicas con relación a los *deepfakes* sexuales, no obstante, algunas son inadecuadas y no abordan la magnitud del asunto.

Con el color rojo se señalan los estados con leyes contra los *deepfakes* sexuales hasta el año 2021/Mapa: ("Deep Fake" or Synthetic Media Laws, 2021)

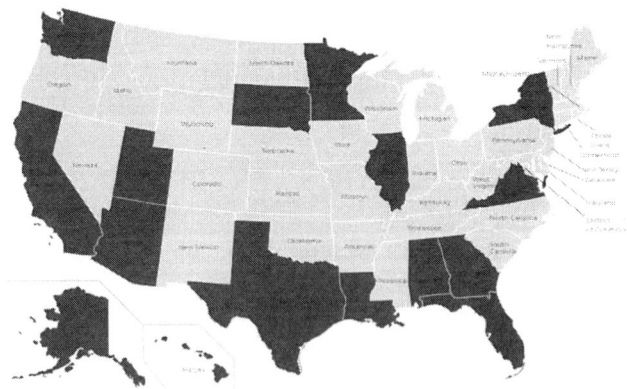

Figura 1. Estados con leyes contra los *deepfakes* sexuales en los Estados Unidos de Norteamérica.

Existen algunas leyes que solo permiten demandas civiles, no cargos penales, lo que lleva a acciones legales mínimas contra los perpetradores, a menudo menores de edad. Un grupo bipartidista de legisladores presentó un proyecto de ley que permitirá a las víctimas demandar a los responsables de *deepfakes* sexualmente explícitos sin consentimiento a las víctimas. A pesar de que más de 50 fiscales generales estatales han instado al Congreso a adoptar medidas, no se han llevado a cabo medidas significativas (Schneider, 2023).

En Nueva Jersey, un proyecto legislativo pendiente, denominado S3707, persigue la criminalización de la pornografía *deepfake* y la imposición de sanciones por distribución no consensual, pendiente de aprobación (Corrado et all, 2023). La carencia de comprensión acerca de los *deepfakes* sexuales puede obstaculizar las acciones legales, lo que impide a los perpetradores escapar de las consecuencias.

Se requiere de manera urgente una legislación integral para abordar el uso indebido de la tecnología *deepfake* en contextos sexuales, teniendo en cuenta los desafíos que enfrentan las víctimas y las autoridades legales.

VI. REGUALACIÓN A NIVEL NACIONAL

México es un país conocido por muchísimas cosas, por su cultura, gastronomía, flora y fauna, diversidad y muchas cosas más, a su vez; también se le conoce internacionalmente por ser un país inseguro y peligroso, y claro que no es exclusivo de las mujeres el terminar siendo víctima de algún delito en nuestro país, pero si son el "blanco" o la "presa" más fácil de atacar en nuestra nación.

De acuerdo con un informe reciente emitido por el Consejo Ciudadano para la Seguridad y la Justicia de la Ciudad de México, en el que se examinaron cerca de 119,000 atenciones prestadas a mujeres de todo el país y del extranjero, entre 2020 y 2021, el 52 % de las víctimas de sextorsión en línea o extorsión sexual en México tienen entre 18 y 30 años (Yañez, 2022).

En este informe del Consejo Ciudadano, los delitos cibernéticos más habituales contra las mujeres son: La fraude en aplicaciones financieras alcanza un porcentaje del 46 %, seguido de la sextorsión con el 34 %, el fraude en internet con un 8 %, y el 5 % en el robo de identidad. No obstante, desde el año 2020, también se han detectado delitos de género sexual, tales como la sextorsión y el ciberbullying.

La Asociación Mexicana de Ciberseguridad (AMECI), define a la sextorsión como una forma de agresión sexual en la que los cibercrimines poseen contenido privado de los usuarios, tales como fotografías o videos, y les amenazan con hacerlo público en la red, a menos que las víctimas proporcionen un pago o algún "favor" en casos de índole sexual (Yañez, 2022).

En aquel lapso, las entidades con mayor número de reportes de ciberataques contra mujeres fueron: Se encuentran en Edomex, Veracruz, Puebla, Jalisco y Guanajuato, es por tanto que, en México, para atender y responder a estas formas contemporáneas de violencias, debe modificarse nuestro marco normativo nacional.

[9]

La Ley Olimpia llamada así por su impulsora, la activista Olimpia Coral Melo, es una serie de reformas a la Ley General de Acceso de las Mujeres a una Vida Libre de Violencia y al Código Penal Federal en nuestro país (México), cuyo objetivo es reconocer la violencia digital y sancionar los delitos que violan la intimidad sexual de las personas a través de medios digitales, también conocida como ciberviolencia.

Tal ley menciona que Las siguientes conductas atentan contra la intimidad sexual: Video grabar, audio grabar, fotografiar o elaborar videos reales o simulados de contenido sexual íntimo, de una persona sin su consentimiento o mediante engaño, exponer, distribuir, difundir, exhibir, reproducir, transmitir, comercializar, ofertar, intercambiar y compartir imágenes, audios o videos de contenido sexual íntimo de una persona, a sabiendas de que no existe consentimiento, mediante materiales impresos, correo electrónico, mensajes telefónicos, redes sociales o cualquier medio tecnológico (FICHA TECNICA LEY OLIMPIA).

Este conjunto de reformas viene presentando resultados como la reformación de artículos en códigos estatales como el federal, el primero siendo puebla en el diciembre de 2018 al "editar" su artículo 225, para noviembre de 2021 estas reformas ya eran una realidad jurídica en 29 estados de la República al haberse reformado artículos en los códigos penales estatales.

En el Código Penal Federal de nuestro país el artículo 199 octies, reformado el 01 de Junio de 2021, dice que se considera como delito de violación a la intimidad sexual la difusión, distribución o publicación de imágenes, videos o audios de contenido sexual íntimo de una persona mayor de edad sin su autorización, a su vez menciona que estas conductas se sancionarán con una pena de tres a seis años de prisión y una multa de quinientas a mil unidades de medida y actualización, sin embargo, es el segundo párrafo del artículo lo que es beneficioso para esta investigación, ya que citando al pie de la letra nos dice:

"Así como quien videograbe, audiograbe, fotografíe, imprima o elabore, imágenes, audios o videos con contenido íntimo sexual de una persona sin su consentimiento, sin su aprobación, o sin su autorización."

El uso de la palabra "elabore" abre las puertas para poder interpretarlo como "crear" o "hacer" que es exactamente lo que pasa con los *deepfakes*, son manufacturados por medios tecnológicos. Actualmente existen propuestas para reformar este artículo y poder incluir de manera textual el uso e intervención de la inteligencia artificial.

Un ejemplo de estas propuestas es la que presenta la diputada Sayonara Vargas Rodríguez integrante del Grupo Parlamentario del Partido Revolucionario Institucional (PRI), para reformar este mismo artículo ya mencionado, dicha reforma consta en la adición de las siguientes palabras: "reales o simulado con inteligencia artificial", por lo cual este artículo quedaría de la siguiente forma de ser aprobada tal reforma:

"Artículo 199 octies: Comete el delito de violación a la intimidad sexual, aquella persona que divulgue, comparta, distribuya o publique imágenes, videos o audios de contenido íntimo sexual de una persona que tenga la mayoría de edad, sin su consentimiento, su aprobación o su autorización.

Así como quien videograbe, audiograbe, fotografíe, imprima o elabore, imágenes, audios o videos reales o simulados con inteligencia artificial con contenido íntimo sexual de una persona sin su consentimiento, sin su aprobación, o sin su autorización.

Estas conductas se sancionarán con una pena de tres a seis años de prisión y una multa de quinientas a mil Unidades de Medida y Actualización" (Vargas Rodríguez, 2023)

Esta propuesta fue presentada el día 11 de Julio de 2023 en el Palacio Legislativo De San Lázaro y se publicó en la gaceta parlamentaria el día 18 del mismo mes.

Uno de los instrumentos Internacionales a los que nuestro país se encuentra suscrito es la Convención Interamericana para Prevenir, Sancionar y Erradicar la Violencia contra la Mujer ('Convención de Belém do Pará') México, comprometido con los principios rectores —la no violencia y la no discriminación— de la Convención, ratificó este instrumento internacional de naturaleza jurídica vinculante el 19 de junio de 1998, dicho instrumento establece en su artículo primero lo siguiente:

"Artículo 1: Para los efectos de esta Convención debe entenderse por violencia contra la mujer cualquier acción o conducta, basada en su género, que cause muerte, daño o sufrimiento físico, sexual o psicológico a la mujer, tanto en el ámbito público como en el privado."

Se debe tener en cuenta que la propia convención menciona que; la violencia física se compone de golpes, jaloneos, empujones, pellizcos, lesiones, entre otras muestras, la violencia sexual compuesta de la imposición para tener relaciones sexuales o violación, abuso sexual o tocamientos sin consentimiento, entre otros y la violencia psicológica conformada por las humillaciones, amenazas, celos, chantajes, intimidaciones, descalificaciones, etcétera.

La convención también establece tres ámbitos, en la vida privada: cuando la violencia se ejerce dentro de la familia, la unidad doméstica u otra relación interpersonal, aunque el agresor no viva con la víctima. En la vida pública: cuando la violencia es ejercida por cualquier persona, ya sea que ésta se lleve a cabo en la comunidad, en el lugar de trabajo, en instituciones educativas, establecimientos de salud u otros lugares (Convención de Belém do Pará, 1994).

[11]

Los derechos que esta Convención consagra se contemplan en los artículos 3 al 6, sin embargo, es en su artículo 4 donde establece los derechos fundamentales de las mujeres, incluyendo el derecho a la vida, integridad física, libertad y seguridad personales, protección contra torturas, respeto a la dignidad, igualdad ante la ley, acceso a recursos legales, libertad de asociación, libertad religiosa y participación en asuntos públicos.

Este instrumento también nos habla sobre las obligaciones a las que los estados parte de la convención se comprometieron, tales como importancia de abstenerse de cualquier acción o práctica de violencia contra las mujeres, promover leyes y políticas que protejan a las mujeres, abolir o modificar normativas y prácticas jurídicas que perpetúan la violencia contra las mujeres, modificar patrones socioculturales que eternicen la violencia, brindar servicios especializados para mujeres víctimas de violencia, promover la educación sobre la violencia de género y fomentar la cooperación internacional (Convención de Belém do Pará, 1994).

De igual forma, México tiene sus propios instrumentos en materia, tal es el caso de la Ley General De Acceso De Las Mujeres A Una Vida Libre De Violencia que de igual forma en su artículo cuarto menciona lo siguiente

"Artículo 4: Los principios rectores para el acceso de todas las mujeres a una vida libre de violencia que deberán ser observados en la elaboración y ejecución de las políticas públicas federales y locales son: I. La igualdad jurídica entre la mujer y el hombre; II. El respeto a la dignidad humana de las mujeres; III. La no discriminación, y IV. La libertad de las mujeres" (Ley General De Acceso De Las Mujeres A Una Vida Libre De Violencia, 2007).

Pero, por qué cuando en México ya existe regulación "competente" en el tema ¿no se nota un avance significantes respeto a la regulación de la pornografía *deepfake*? Personalmente considero que mientras en las leyes no encontramos textualmente las palabras "generado por IA" seguirá siendo difícil combatir este tema, ya que con los avances tecnológicos es cada vez más difícil el poder identificar si un video de esta índole es real o si es generado por computadora con ayuda de tecnología artificial y programas informáticos.

CONCLUSIONES

El avance de la tecnología ha dado lugar a una dependencia generalizada de la misma en la vida cotidiana, y las familias de todo el mundo utilizan la inteligencia artificial para simplificar tareas. No obstante, el mal uso de la tecnología, como los *"deepfakes"* que violan la privacidad y la intimidad sexual, ha aumentado la creación de pornografía *deepfake* en un 464 % entre 2022 y 2023, lo que ha afectado en grandes cantidades a las mujeres. Las víctimas de explotación sexual presentan problemas tales como estrés, ansiedad y afectaciones físicas. Asimismo, pueden experimentar pérdidas laborales, aislamiento social y chantajes, lo que permite generar incluso una depresión y el suicidio.

La presente tendencia manifiesta un mercado desfavorable hacia la creación de imágenes de mujeres desnudas, ya que los principales consumidores del contenido son hombres, lo que intensifica el impacto en las vidas de las víctimas en ámbitos personal, profesional y psicológico.

México se encuentra en una situación de violencia digital dirigida en su mayoría contra mujeres, caracterizada por actos de sextorsión y ciberbullying, por lo cual La Ley Olimpia persigue regular y castigar dicha acción, mediante la reforma de los códigos penales estatales y federales, incluyendo la utilización de inteligencia artificial en la difusión de contenido sexual íntimo.

En mi opinión, este aumento en la creación de falsos de desnudos, generado en su mayoría por hombres consumidores, es preocupante y subraya la necesidad de consideraciones éticas y un uso responsable de la tecnología para evitar daños y explotación adicionales, en especial hacia las mujeres. Es crucial regular y castigar el mal uso de la tecnología para proteger la privacidad y la integridad de las personas, a su vez; encuentro totalmente necesario una colaboración efectiva entre el gobierno, la sociedad civil y el sector privado para desarrollar estrategias integrales que no solo protejan a las víctimas, sino que también promuevan la educación pública sobre este tema y fortalezcan las políticas regulatorias pertinentes.

RECOMENDACIONES

A continuación, se anexan recomendaciones de cómo identificar un video pornográfico de origen *deepfake*:

1. Buscar inconsistencias visuales como problemas de animación en los rostros, falta de pestañeo, o pestañeo en exceso y anormal, inconsistencias en la piel o cabello, aspecto borroso, suavidad anormal y diferencias en la iluminación.
2. Prestar atención al sonido y la imagen, el audio podría no coincidir con los movimientos labiales ni con las expresiones faciales de la persona en el video.

Recomendaciones de cómo actuar en caso de ser víctima de un video sexual *deepfake*:

1. Será difícil, pero trata de mantener la calma, el pensar con la cabeza "fría" te permitirá explorar tus opciones.
2. Si conoces a la persona que haya compartido, fabricado o te haya amenazado con las fotos, videos o audios, reúne su información tales como da-

[13]

tos de identificación (nombre y apellidos) y de ubicación (domicilio y lugares que pueda frecuentar).

3. Adjunta evidencia; es crucial preservar pruebas como capturas de pantalla de mensajes amenazantes o de extorsión, así como enlaces a perfiles que difundan contenido íntimo o números de celular, es recomendable que toda la información que recopiles la lleves en una memoria USB o disco para que se la queden.

4. Denuncia, acude a tu ministerio público más cercano y realiza tu denuncia a la brevedad, recuerda que las autoridades de nuestro país tienen el deber de protegerte.

5. Una vez que hayas realizado tu denuncia debes guardar el número de carpeta de investigación, el nombre de la Agencia del Ministerio Público a la que acudiste y el nombre del agente que te atendió.

6. No pagues, si estas siendo extorsionado para pagar a cambio de que no se comparta ese contenido, no lo hagas, muchas personas que han sido chantajeadas siguen pagando por miedo a que las imágenes sean publicadas, pero ceder solo lleva a más extorsión y probablemente la publicación de las imágenes, no caigas en el chantaje y busca cancelar el pago si ya lo hiciste.

7. Es importante cesar la comunicación con los criminales y suspender temporalmente las cuentas de redes sociales sin eliminarlas para conservar pruebas. También es crucial bloquear y denunciar cualquier publicación realizada por los extorsionadores.

Acciones para disminuir las posibilidades de ser víctima de pornografía generada con IA y mitigar el impacto en otros afectados.

1. Evita compartir videos, fotos o audios que puedan ser manipulados posteriormente para desprestigiar la reputación de las personas.

2. Configura la privacidad de tus publicaciones en redes sociales.

3. Evita difundir publicaciones que desprestigien a otras personas.

4. Verifica la veracidad de una fotografía, audio o video, antes de compartirlo.

5. Reporta a los usuarios que inciten a la violencia o afecten a terceras personas.

6. Si conoces a alguien que esté pasando por este problema, ofrécele tu apoyo moral y compañía, muchas veces aparte de acciones legales se necesita tener apoyo emocional.

REFERENCIAS

"Deep Fake" or Synthetic Media Laws. (2021). Cyber Civil Rights Initiative. Recuperado el 08 de Julio de 2024, de https://cybercivilrights.org/deep-fake-laws/#

Bigas Formatjé, N. (2 de Noviembre de 2023). 'Deepfakes' pornográficos: Cuando la IA desnuda tu intimidad y vulnera tus derechos. *Universitat Oberta de Catalunya*. Recuperado el 02 de julio de 2024, de https://www.uoc.edu/es/news/2023/265-deepfakes-pornograficos-cuando-IA-desnuda-tu-intimidad-vulnera-tus-derechos

Briceño V, G. (2018). *Alan Turing.* Recuperado el 24 de 06 de 2024, de https://www.euston96.com/alan-turing/#:~:text=Entre%20sus%20inventos%20m%C3%A1s%20importantes%20mencionamos

Canle Fernández, E. (04 de 02 de 2021). Los antecedentes de la inteligencia artificial. *Tokio School*. Recuperado el 05 de 07 de 2024, de https://www.tokioschool.com/noticias/antecedentes-inteligencia-artificial/

Cerdán Martínez, V., & Padilla Castillo, G. (2019). Historia del "fake" audiovisual: "deepfake" y la mujer en un imaginario falsificado y perverso. *Universidad Complutense de Madrid, 24*(2). doi:https://doi.org/10.5209/hics.66293

Convención de Belém do Pará. (1994). Organización de los Estados Américanos. Recuperado el 12 de Julio de 2024, de https://www.oas.org/es/mesecvi/docs/BelemDoPara-ESPANOL.pdf

Cooban, A. (17 de abril de 2024). Hacer porno 'deepfake' sin consentimiento pronto podría convertirse en un delito en Inglaterra. *CNN*. Recuperado el 08 de Julio de 2024, de https://cnnespanol.cnn.com/2024/04/17/porno-deepfake-sin-consentimiento-convertirse-delito-inglaterra-trax/

Corrado, K., Bramnick, J., Stanfied, J., & Testa, M. (2023). *Bill S3707.* Propuesta de Ley, New Jersey Legislature. Recuperado el 08 de Julio de 2024, de https://pub.njleg.state.nj.us/Bills/2022/S4000/3707_I1.PDF

FICHA TECNICA LEY OLIMPIA. (s.f.). GOBIERNO DE MÉXICO, ORDEN JURIDICO NACIONAL. Recuperado el 12 de Julio de 2024, de http://ordenjuridico.gob.mx/violenciagenero/LEY%20OLIMPIA.pdf

LEY GENERAL DE ACCESO DE LAS MUJERES A UNA VIDA LIBRE DE VIOLENCIA. (2007). CÁMARA DE DIPUTADOS DEL H. CONGRESO DE LA UNIÓN. Recuperado el 12 de Julio de 2024, de https://www.gob.mx/cms/uploads/attachment/file/669252/LGAMVLV_010621.pdf

Madrigal, M. (13 de abril de 2021). Los efectos del Deepfake en la violencia contra las mujeres. Recuperado el 05 de Julio de 2024, de https://www.newtral.es/deepfake-ciberacoso-violencia-mujeres/20210413/

Miranda, L. (16 de abril de 2024). Crear imágenes porno con IA podría enviarte a prisión. *Hipertextual SL*. Recuperado el 08 de Julio de 2024

Monroy, C. (s.f.). *Deepfakes, descubre sus orígenes, ventajas y consecuencias.* Obtenido de https://www.cristianmonroy.com/2018/11/deepfakes-descubre-sus-origenes-ventajas-y-

consecuencias.html#:~:text=Or%C3%ADgenes%20de%20los%20Deepfakes%20E
l%20t%C3%A9rmino%20proviene%20de,entrena%20esta%20inteligencia%2C%2
0m%C3%A1s%20realistas%20son%20los%20res

Piña, G. (29 de Junio de 2023). Cinco casos de "DeepFake porn" en México. La ley es insuficiente: Olimpia Coral. . *EMEEQUIS.* Recuperado el 12 de Julio de 2024, de https://m-x.com.mx/entrevistas/cinco-casos-de-deepfake-porn-en-mexico-la-ley-es-insuficiente-olimpia-coral/

Schneider, S. (5 de Septiembre de 2023). 54 Attorneys General Call on Congress to Study AI and Its Harmful Effects on Children. Recuperado el 08 de Julio de 2024, de https://www.naag.org/press-releases/54-attorneys-general-call-on-congress-to-study-ai-and-its-harmful-effects-on-children/

Singer, N. (8 de Abril de 2024). Teen Girls Confront an Epidemic of Deepfake Nudes in Schools. *The New York Times.* Recuperado el 02 de Julio de 2024, de https://www.nytimes.com/2024/04/08/technology/deepfake-ai-nudes-westfield-high-school.html

SPH DIGITAL. (22 de 11 de 2023). Deepfakes: violencia basada en género en la era de la Inteligencia Artificial. *Banco Interamericano de Desarrollo.* Recuperado el 05 de 07 de 2024, de https://socialdigital.iadb.org/es/node/20166

Vargas Rodríguez, S. (2023). *INICIATIVA CON PROYECTO DE DECRETO POR EL QUE SE REFORMA EL.* INICIATIVA CON PROYECTO DE DECRETO POR EL QUE SE REFORMA EL, CÁMARA DE DIPUTADOS, GRUPO PARLAMENTARIO DEL PRI. Recuperado el 12 de Julio de 2024, de http://sil.gobernacion.gob.mx/Archivos/Documentos/2023/07/asun_4585245_2023 0718_1689699820.pdf

Visus, Á. (2021). *ue es un Deep fakes, cómo se crean, cuáles fueron los primeros y su futuro.* Recuperado el 24 de 06 de 2024, de https://www.esic.edu/rethink/tecnologia/deep-fakes-que-es-como-se-crean-primeros-y-futuros

Yañez, B. (04 de Marzo de 2022). Mujeres de 18 a 30 años, el principal blanco de la sextorsión: Consejo Ciudadano. *ADNPolítico.* Recuperado el 12 de Julio de 2024, de https://politica.expansion.mx/mexico/2022/03/04/mujeres-ciberdelitos-sextorsion-fraudes-apps-financieras

Capítulo 2

Ventajas y desventajas de la implementación de un adecuado programa de reinserción social en México

Omar Alejandro de la Cruz Montero*1, Arturo Enrique Jasso Rodríguez2, Jesús Chan Hernández3 y Jesús Antonio Ramos Ferrer4

Resumen

La reinserción social es parte importante de la reivindicación de una persona recluida ya que en ella basa sus esperanzas en volver a ser incluido en un círculo social, es por ello que en el presente trabajo se pretende señalar cuales son las ventajas y desventajas que se tendrían si los modelos de reinserción son aplicados de manera correcta en los centros penitenciarios de México y donde se logró encontrar modelos de reinserción que cuentan con éxito en algunas entidades del país como son las bibliotecas penitenciarias, Prison art, un domingo más en libertad y el taller integral de reinserción social armónica y empática, estos modelos cuentan con gran potencial que ya está siendo explotado pero que podría ser mejor replicarlo en una escala mucho mayor y así obtener más y mejores resultados no solo para las personas recluidas si no para la sociedad. En conclusión, podemos decir que es de mucha relevancia conocer que es y en que ayuda la reinserción social ya que una buena aplicación ayudaría a bajar los índices de reincidencia delictiva lo cual es un problema que va creciendo en nuestro país día con día y cada vez lo tenemos más presente es entonces que se debe dar más importancia a las personas recluidas y a sus derechos.

Palabras clave: derechos humanos, capacitación, readaptación, prisión.

1* Autor de correspondencia: omarlmp94@gmail.com, https://orcid.org/0009-0008-8212-6681, Universidad Juárez Autónoma de Tabasco, División Académica Multidisciplinaria de los Ríos, Tenosique, Tabasco, México.
2 artjasso753@gmail.com, https://orcid.org/0000-0002-9643-7826, Universidad Juárez Autónoma de Tabasco, División Académica Multidisciplinaria de los Ríos, Tenosique, Tabasco, México.
3 jesus.chanh@ujat.mx, https://orcid.org/0000-0003-3072-8134, Universidad Juárez Autónoma de Tabasco, División Académica Multidisciplinaria de los Ríos, Tenosique, Tabasco, México.
4 jesus.ramos@ujat.mx, http://orcid.org/0000-0003-3893-9083, División Académica Multidisciplinaria de los Ríos de la Universidad Juárez Autónoma de Tabasco, Tenosique, Tabasco, México.

INTRODUCCIÓN

En el presente trabajo abordaremos sobre un tema muy importante en nuestra sociedad "la reinserción social" que a lo largo de los años ha tomado importancia como una medida precautoria para que las personas no vuelvan a reincidir y puedan integrarse de nuevo a la sociedad.

Sabemos bien que la reinserción social es un derecho humano fundamental al cual toda persona ya sea procesada o sentenciada y al cual se le haya privado de la libertad en los centros penitenciarios de México, cuenta con la oportunidad de acceder a ella. Sabemos muy bien que aun estando estipulado y bien reglamentado no se aplica correctamente. Esto nos lleva a que la jurisdicción mexicana ya ha sido acreedora a muchas recomendaciones de la comisión nacional de los derechos humanos, esto con la finalidad de que se pueden lograr cambios tanto en lo legislativo como en lo práctico, porque las consecuencias nos llevan a diversas violaciones de los derechos humanos y las garantías procesales (Osorio Saldívar *et al*., 2021).

Derivado de lo anterior nuestro objetivo será Analizar y evaluar las ventajas y desventajas de la implementación de un adecuado programa de reinserción social en México ya que existen modelos de reinserción social públicas y privadas que de aplicarse adecuadamente pueden tener beneficios a la sociedad al disminuir el índice de reincidencia delictiva, tal es el caso de "Prison Art" el cual este modelo que se ha aplicado en algunos estados da el ejemplo que haciendo las cosas con intenciones buenas y alejadas de la corrupción y malas administraciones se logran verdaderos cambios.

En un contexto más histórico analizaremos los principios de las penas de prisión en nuestra constitución mexicana de 1857, donde no existía algún fundamento garante para las personas privadas de libertad, dado que realmente no tenían importancia los tratos que recibían dentro de estos centros. Hasta que, en base a las necesidades y los iniciadores del derecho penitenciario, tales como Cesare Beccaria y Manuel de Lardizábal, que ellos comenzaron a proponer que los tratos fueran más humanitarios para por fin poder readaptar a las personas privadas de libertad con ayuda de personas más profesionales en atención de estos mismos (Martínez Martínez & Chávez Ochoa, 2022)

Es entonces importante dar conocimiento de lo que sumaría a la sociedad la aplicación de modelos de reinserción que tengan éxito para poder intentar dar un futuro a las personas recluidas y en base a esto empezar a mejorar nuestra sociedad.

I. LA REINSERCIÓN SOCIAL

"Mi ideal más querido es el de una sociedad libre y democrática en la que todos podamos vivir en armonía y con iguales posibilidades" Nelson Mandela.

México es un país lleno de cultura, tradición, gastronomía y cuenta con un sinfín de riquezas, esto contrasta mucho con la desigualdad social que impera en el país. Actualmente cientos de personas se encuentran privadas de libertad en los distintos centros penitenciarios que existen en el país, a lo largo de los años se han creado diferentes leyes y reformas que protegen y regulan de cierta forma a la reinserción social y donde también podemos encontrar a los modelos de reinserción todo esto en base al artículo 18 constitucional mexicano que a su letra dice:

COSTITUCION POLITICA DE LOS ESTADOS UNIDOS MEXICANOS
Artículo 18. Solo por delito que merezca pena privativa de libertad habrá lugar a prisión preventiva. El sitio de este será distinto del que se destinare para la extinción de las penas y estarán completamente separados.   El sistema penitenciario se organizará sobre la base del respeto a los derechos humanos, del trabajo, la capacitación para el mismo, la educación, la salud y el deporte como medios para lograr la reinserción del sentenciado a la sociedad y procurar que no vuelva a delinquir, observando los beneficios que para el prevé la ley "

Nota: obtenida de la constitución política de los estados unidos mexicanos (última reforma publicada en el DOF 22-03-2024) artículo 18 párrafo I y II

También tenemos que mencionar que el Articulo 7 de la ley de Nacional de Ejecución Penal establece que los poderes ejecutivo y judicial son los que van a implementar y diseñar los programas para garantizar la reinserción social y que realmente sean efectivos en los centros penitenciarios de nuestro país y también garantizar los servicios post penales (Aguillón León & Asencio Pérez, 2022)

Y aquí vemos que en la manera en que se trabaja la reinserción social es en casi su totalidad durante el internamiento y casi nada en donde se va a integrar a los liberados, los 5 ejes principales son: trabajo, capacitación para el trabajo, educación, salud y deporte. Es entonces que al haber reformado el artículo 18 constitucional solo nos da una participación de los presos mas no la verdadera inserción ya que al salir están prácticamente insertados de manera automática. Ya exclusivamente en México al hacer esta separación a la federación y al estado y solo dando esta responsabilidad a los centros penitenciarios no se está ayudando a la reinserción social práctica (Córdova Sánchez, 2016)

Una verdadera razón del porque se busca cambiar a través de los años la manera en la que se trata a las personas recluidas es buscar la disminución de los delitos que se cometen en nuestro país. Desde hace mucho tiempo nosotros mismos nos hemos dado cuenta de los cambios escuchaba a vecinos, amigos o familia decir: "eso solo pasa en el norte" pero ahora en mi comunidad que estaba lejos según nosotros de la delincuencia ya se ve más seguido los robos a mano armada, a las casas y hasta más organizaciones criminales, y es aquí donde debemos apuntalar a estos modelos, porque debemos partir por lo que tenemos y podemos mejorar pensando en un futuro para nuestras familias,

Es así que el propósito de la reinserción social radica en que al tener diversas actividades tanto escolares, laborales, culturales, deportivas y recreativas y con la asistencia de las diferentes disciplinas las personas privadas de su libertad pueden de nuevo reintegrarse a la sociedad, sin embargo, muchas de la población de los penales tienden a no incorporarse a estas actividades, ya sean por motivos personales, malas aplicaciones o el de las mismas instituciones, esto entonces nos lleva a la reincidencia delictiva. (Aguillón León & Asencio Pérez, 2022)

Tomando en cuenta estos datos entendemos que el conocimiento y la práctica de la reinserción social es muy importante para darnos cuenta de todas las consecuencias que trae el no dar una correcta aplicación, tales como la reincidencia delictiva y los problemas y vicios que inquietan a los centros penitenciarios. Teniendo esto en cuenta se pueden dar ciertas respuestas y más opciones ante crisis de seguridad que tiene el país. Con las cifras de la ASF (2104) nos muestran que cada año la reincidencia delictiva sube, llegando 634%, en 7 años pasando de 1,400 reincidentes en 2007 a 10,901 en 2014, también las estadísticas del International Prison News Digest (2015) valoran que en México la reincidencia es de 44% entonces cada 100 personas recluidas, 40 a 50 volverán a prisión en menos de 2 años esto después de llevar los modelos de reinserción existentes y tratar de incorporarse a la sociedad (Córdova Sánchez, 2016)

Nos damos cuenta entonces que nuestro país lleva tiempo tratando de resarcir los daños que a lo largo de los años no se ha podido detener, y esto lo vemos en el día a día que escuchamos, leemos y nos cuentan que ya robaron, asaltaron o casos mucho más grabes que como ciudadanos no queremos vivir, pero parece no tener un fin ni con los gobiernos o las políticas públicas que más que de prevenir son más de castigar y este sería un error al aumentar los castigos o las penas no se llegan a nada, seria enfocaros en lo que ya tenemos y apuntalar en las personas recluidas para así bajar los índices de reinserción que sería el punto más importante ya que les das una oportunidad de integrarse ya no aun grupo criminal o reincidir si no a su familia, comunidad o un trabajo donde pueden explotar sus conocimientos para bien y esto se puede hacer una cadena de ayuda dando el ejemplo a muchos más presos que verán que si tiene una oportunidad de cambiar su destino y aportando algo bueno a la sociedad y entonces enfocando los esfuerzos en las personas que ya cometieron un error y quieren de verdad cambiar el rumbo de sus vidas se pueden aplicar los modelos de reinserción en la que se sientan identificados y con la capacitación de las personas que las aplican se pueden dar cambios en los centros penitenciarios de nuestro país.

II.   REFORMAS AL SISTEMA PENITENCIARIO MEXICANO

En 1857 se establecen por primera vez en la Constitución Mexicana las bases de nuestro sistema de gobierno, aquí existió una confusión con las penas de privación de la libertad y las corporales, más adelante en 1917, 70 años después se lograron dar cambios más considerados en lo social y lo económico. En 1965, se vuelve a reformar el artículo 18 donde ya vemos que se añade la capacitación para el trabajo, también se añade la educación, ya vemos que se apropia la readaptación social del delincuente. También fueron establecidas reformas ya más enfocadas al respeto de los derechos humanos, la separación de hombres y mujeres. En la reforma constitucional de 2008 se fija un nuevo termino la "reinserción" dejando atrás a la readaptación, también se lograron establecer 5 ejes del sistema penitenciario, donde también se unifica la ley nacional de ejecución de penas y se establece el respeto de los instrumentos internacionales que asientan el actuar y dan garantía a la vida en reclusión y es donde ya vemos que se dan estrategias, programas y ciertas acciones que permitían combatir ese problema de la sobrepoblación que existe en los centros penitenciarios y en base a eso dar una esperanza a las personas privadas de libertad de que puedan reintegrarse como personas ya más dispuesta a convivir en sociedad (Martínez Martínez & Chávez Ochoa, 2022)

Varios años después en 2008 exactamente se da una reforma que cambio la readaptación a la reinserción social esto sería más apropiado ya que lo primordial era que no se volviera a delinquir y entonces lo que se tenía que hacer era reinsertarlos a la sociedad aquí se establecieron los 5 ejes. Es entonces que al dar estas herramientas a las personas recluidas se evita la reincidencia y garantizar más sus derechos. De esta reforma se derivó la ley nacional de ejecución penal, donde se agruparon los principios para el sistema penitenciario; aquí se lograron establecer los protocolos que tenían que seguir los servidores públicos y el personal que trabaja en los centros penitenciarios esto para dar más respeto y garantizar los derechos de las personas recluidas en las muchas situaciones que se presentaban y estos se encuentran establecidos en la constitución mexicana en los artículos 1,17,18,20 y 21, así como también en la ley de ejecución penal y en los reglamentos, protocolos y manuales que nacen de esta normatividad así mismo en la ley general para prevenir, investigar y sancionar la tortura y otros tratos o penas crueles, inhumanos o degradantes y aquí se encuentra:

[21]

- El derecho a la integridad personal
- Derecho a una vida digna
- Derecho al contacto exterior
- Derecho a la defensa
- Derechos económicos. Sociales y culturales
- Derechos sexuales y reproductivos.

Esto todo con el fin de mejorar las condiciones de las personas recluidas y dar mejores resultados a la reinserción social (Martínez Martínez & Chávez Ochoa, 2022)

Al atravesar México por estas reformas bien estructuradas nos hace pensar en que es lo que realmente falla dentro de la aplicación de las leyes y normas o si es algo de la naturaleza misma del ser humano al ya creer que por cumplir una condena ya está destinado a esa vida y entonces así no querer regresar a la sociedad por el miedo de ser señalado o juzgado y entonces le resulta más fácil vivir dentro de los centros penitenciarios y resignarse a vivir aislado o más bien esta falla venga desde la aplicación, la corrupción o la nula capacitación que reciben las personas que aplican los programas.

III.   MODELOS DE REINSERCIÓN

Un tema muy importante en la reinserción y en lo que recaen prácticamente todo lo que conlleva reintegrarse de manera integra a la sociedad son los modelos de reinserción que surgieron con las reformas y en base a las necesidades de las personas recluidas como un modo de darles una meta y un mejor futuro al cual poder acceder.

La reinserción social es un derecho fundamental para las personas que están ya siendo sentenciadas como para las procesadas y los primeros en darle seguimiento a que se respeten lo que está escrito en las normas deben ser las autoridades penitenciarias siempre buscando la no reincidencia. Es muy importante también la participación que tiene que tener la sociedad civil este ya la etapa de la post liberación y también el de las autoridades que dan el seguimiento a las personas privadas de libertad cuando ya se encuentran afuera esto porque se debe de recalcar la cultura de paz y de legalidad esto para que siempre se tengan en cuenta la inclusión para darle una esperanza positiva todo esto para un bien social y así darle mayor oportunidad de reinsertarse a las personas privadas de liberad ya que en los tiempos que vivimos se da el rechazo a las personas que sabemos acaban de concluir con una pena de libertad, esto en cuestión de poder acceder a un trabajo o simplemente una actividad para su libre desarrollo; ya que al salir de un centro la persona comienza una nueva vida y se intenta recuperar todo lo que paso cuando estuvo dentro tanto en lo familiar como en lo social y siempre se busca la aceptación, es entonces la razón de ser de los programas existentes de reinserción. Pero uno de los problemas en las cárceles mexicanas es la población que va en aumentado y esto solamente se quiere combatir construyendo más centros penitenciarios, pero esto no ha logrado nada, entonces por situación surgió la reforma constitucional ya que sus efectos se multiplican como son:

- Falta de control e ingobernabilidad debido a la cantidad de internos
- Mínimo número de oficiales
- Carencia de los servicios básicos de alojamiento
- Falta de espacios habitables
- Falta de oportunidades para acceder al trabajo

Este dato se ha visto en DNS penitenciaria que estos los realiza la comisión nacional de los derechos humanos cada año (Martínez Martínez & Chávez Ochoa, 2022)

Bibliotecas penitenciarias

Las bibliotecas tienen un papel muy influyente en el desarrollo universal del ser humano, aparte de apoyar a la educación también contribuyen al desarrollo personal en todos los aspectos que conforman al ser humano.

En el ámbito de las personas que están recluidas y tiene una condena privativa de libertad estas bibliotecas perciben mucha más importancia en su día a día, ya que al estar apartados de la sociedad provoca que no puedan realizar otras actividades con libertad aunque existan dentro de estos centros otras actividades físicas o talleres para aprender algún oficio, las bibliotecas son un escape y contribuyen a ampliar sus horizontes intelectuales acompañándolos de lecturas y actividades educativas que los tengan conectados con parte del mundo exterior que sigue avanzando (Ochoa García & Martínez Camacho, 2020)

Prison Art

El Lic. Jorge Cueto Felgueroso es el fundador de Prison Art, quien vivió en carne propia lo que es ser un convicto y quien ha compartido su historia en muchas ocasiones y centra sus palabras y acciones en brindar una nueva oportunidad de reinserción a aquellos que alguna vez estuvieron en la cárcel o que aún están recluidos.

Estuvo sujeto a proceso durante un año en el penal de puente Grande, en Jalisco. Cuenta que en ese tiempo vivió la corrupción, la violencia y la tortura que eran muy común en esos lugares, y nos cuenta que desde eso momento le surgió una poderosa y original idea de negocio.

[23]

"Dentro del penal conoces la parte del rito del tatuaje, que está muy vinculado con el tema de las cárceles, donde se creó un área de artesanías muy grande que me permitió poder desarrollar el modelo de negocio que hoy en día es Prison Art", explicó en entrevista.

Y al ver a los convictos tatuándose unos a otros él pensó que sería tener un propio procedimiento que permitiera tatuar el cuero. Y donde se hacía una fusión extraña entre el tatuaje tradicional y, el diseño de moda, el arte y la marroquinería, y así nacía la línea sus productos de piel de lujo que se comercializa como su marca (Landa Dorantes, 2024).

Cabe recalcar que la meta del Lic. Cueto Felgueroso es que en 5 años ya tener contratados a mil 500 presidiarios, lo que ayudaría a reducir casi un millón de delitos al año ya que en la actualidad cuenta 200 colaboradores en el programa reinserción ya ha logrado evitar en un año 140 delitos en promedio (Gutiérrez, 2019)

Esto nos demuestra el gran trabajo que se ha realizado a través de este modelo, dándonos el ejemplo de que se puede verdaderamente apoyar a las personas recluías y también ayudando en parte a nuestra sociedad ya que al darles un trabajo y un futuro que ellos pueden tomar se logra evitar la reincidencia delictiva.

Derivado de lo anterior, en notas informativas del Gutiérrez (2019) muestra datos sobre los resultados de la implementación de talleres en los sistemas penitenciarios, en donde se aprecia la permanencia de reclusos y ex reclusos que conservan sus trabajos en el programa de apoyo, lo cual contribuye al desarrollo de habilidades y competencias laborales, así como evitar caer en las drogas y reincidir al delito, observar en la figura 1 y 2.

Figura 1. *Registro de ventas en los penales de artículos creados en los penales. Y estados donde existen talleres (Gutiérrez, 2019).*

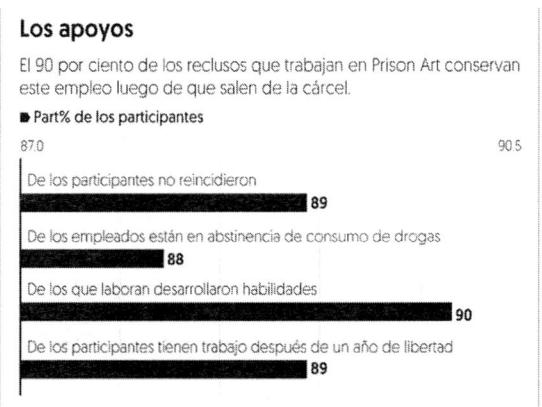

Figura 2. *Índice de participación en Prison Art (Gutiérrez, 2019).*

Los resultados muestran que más de 1000 personas tienen una nueva oportunidad de vida, esto nos hace pensar que existe la reinserción dándonos también una mejor sociedad, con menos delincuencia donde existen las verdaderas oportunidades volviendo a integrarse a la familia, que es el pilar más fuerte para una persona recluida, y dándoles esa oportunidad creamos una sociedad más unida y solidaria.

Un domingo más en libertad

Estas actividades diversas se realizan los domingos de cada mes, enfocadas más a las personas pre liberadas y en libertad condicionada en esto también es fundamental que participen las familias.

Este proyecto da un giro a la reinserción al hacerlo más personal, dando una cercanía a la convivencia para así reducir esas huellas y discriminación que existen hacia las personas recluidas y se trata de dar de una manera más empática el conocimiento en común entre las personas liberadas y su entorno social esto con actividades que ayuden a darles a conocer sus derechos educativos, sociales, políticos, deportivos, de salud y culturales y claro volviendo a convivir con sus familias.

Mientras reconstruyen su entorno familiar y social; y con ello cumplir con las especificaciones del juez (Dirección General del Instituto de Reinserción Social [DGIRS], 2022)

La primera edición de "Un Domingo Más en Libertad". Esta primera edición comenzó el mes de marzo el día 6 dentro del teatro "Ángela Peralta" donde asistieron más de mil personas que cumplieron una condena en el sistema de justicia penal, lograron apreciar el show musical "Sunday Jazz In The Park donde se presentó el ganador del Grammy "Héctor Infanzón", después pudieron convivir con sus familias en el 'Parque Lincoln' inspirado en dos íconos de la libertad: Martin Luther King y Nelson Mandela (DGIRS, 2022)

Podemos apreciar en la figura 1 y 2 obtenidas de la página de la Dirección General del Instituto de Reinserción Social los eventos realizados el día 6 de marzo, donde los ex presidiarios pudieron disfrutar con sus familias los eventos que se tenían preparos para ellos siendo un éxito y dando un ejemplo del poder que se tiene cuando las cosas se realizan de forma correcta.

Figura 3. *Show musical "Sunday Jazz In The Park" (DGIRS, 2022)*

Figura 4. *Convivencia en el 'Parque Lincoln'*

Nota. *Actividades recreativas para la integración de los ex presidiarios y sus familias siendo primordial la convivencia en familia. Tomado de (DGIRS, 2022)*

Y la misma página nos hace mención de los requisitos y costo del servicio señalando que solo con acudir al instituto de reinserción social de la ciudad de México pueden acceder sin ningún costo extra esto nos hace reflexionar en por qué estos programas que cuentan con cierto éxito dentro de lo que es la reinserción social no se ha podido replicar en más estados del país ya que nos muestra que hasta la fecha sigue en funcionamiento y ha mostrado una buena participación de las personas que están en pre libertad y de las personas que cuentan con la libertad condicional, entonces resultaría benéfico para los diferentes centros penitenciarios del país poder replicar este programa con éxito y lograr que más personas pueden tener un reingreso a la sociedad de manera íntegra.

Más reciente actividad. En la última edición de "Un Domingo Mas en Libertad que fue realizado el día 9 de julio del presente año que se llevó a cabo Colegio de San Ildefonso, este día pudieron apreciar los muchos murales que se encuentran en esta institución inspiradas en el movimiento muralista mexicano que han realizado los artistas más relevantes en este movimiento como son: Diego Rivera, Fernando Leal, Jean Charlot, Ramón Alva de la Canal, Fermín Revueltas y José Clemente Orozco (DGIRS, 2022)

Al realizar la consulta en la página se encontró fotografías de dicho evento que podemos apreciar en la figura 1 a los asistentes de "Un Domingo Mas en Libertad" siendo prioridad que los ex presidiaron vuelvan a integrarse a las actividades de recreación e inclusión que se realizan en familia.

Figura 5. *Asistentes al Colegio de San Ildefonso*
Nota. Actividad cultural para el desarrollo de los ex reclusos donde pudieron apreciar diversas obras muralistas de México. Tomado de (DGIRS, 2022)

Taller de integral de reinserción social armónica y empática, TIRSAE.

Estos talleres son más enfocados en dar ese conocimiento de las herramientas educativas, laborales, psicológicas también emocionales esto para lograr un auto conocimiento y dar ese empoderamiento que les hace falta al igual que el manejo de sus emociones dándoles a desarrollar más valores y sus hábitos más positivos esto para facilitarles la convivencia familiar y darles esa armonía que se necesita en el trabajo y también en la sociedad. Esto es base a la ley nacional de ejecución penal que menciona que "los servicios post penales se brindaran de forma individualizada conforme a las circunstancias de cada caso y a las posibilidades del sentenciado, externado y su familia" (DGIRS, 2022)

Los participantes de cada Taller serán seleccionados a partir de una entrevista diagnóstica y las peticiones específicas determinadas por el Juez.

Todos los TIRSAE constan de 10 sesiones (1 sesión al mes):

- TIRSAE trabajo
- TIRSAE educación
- TIRSAE salud
- TIRSAE deporte
- TIRSAE cultura
- TIRSAE violeta

IV. DERECHOS HUMANOS

Sabemos que todos nosotros somos titulares de derecho y más importantes aun derechos humanos esto está establecido en las constitución política de los estados unidos mexicanos en su capítulo 1 "de los derechos humanos y sus garantías" que costa de 29 artículos, los cuales son enfocados en la calidad de vida, el trabajo digno y su capacitación, salud, educación y el deporte, entonces por consecuencia de las reformas al sistema de justicia penal acusatorio se iniciaron las reformas a la constitución. (Aguillón León & Asencio Pérez, 2022)

CONSTITUCIÓN POLÍTICA DE LOS ESTADOS UNIDOS MEXICANOS		
Articulo 1	Articulo 4	Articulo 18
Constitucional: Todas las personas gozarán de los Derechos Humanos reconocidos por la Constitución y en los Tratados Internacionales de los que el Estado Mexicano es parte, así como de las garantías de protección. En el ámbito de su competencia, las autoridades tienen la obligación	La mujer y el hombre son iguales ante la ley. Ésta protegerá la organización y desarrollo de la familia, libertad de procreación, derecho a la alimentación, a la salud, medio ambiente sano, al agua, vivien-	Sólo por delito que merezca pena privativa de libertad habrá lugar a prisión preventiva. Garantizar la reinserción social basada en el respeto a los Derechos Humanos.

de promover, respetar, proteger y garantizar los derechos humanos, queda prohibida toda discriminación.	da, identidad, cultura y deporte.	

Nota: obtenida de la constitución política de los estados unidos mexicanos (última reforma publicada DOF 28-05-2021) artículo1 párrafo I, articulo 4 párrafos II, II Y II, y artículo 18 párrafo I y II

Los derechos humanos expresan el "ser" de la persona esto en relación a las acciones y omisiones de los estados, empresas y el respeto de los bienes primarios esto alrededor de lo que es la dignidad humana y aquí encontramos los principios de universalidad: que todos podemos acedera a ellos de cualquier forma, Indivisibles: todos están unidos, interdependientes: el disfrute o afectación de un derecho depende de la realización o violación del otro y absolutos: tienen preminencia sobre cualquier otra pretensión moral o jurídica (Aguillón León & Asencio Pérez, 2022)

Como sabemos muy bien los organismos existen y promueven y defienden a los derechos humanos, pero aun así se reciben muchas quejas ante la violación de estos tal es el caso que David que nos relata que él fue detenido y condenado en el CE.RE.SO. de la ciudad de Pachuca por delito de robo y asalto, él nos cuenta que en cuanto llego varias personas encapuchados le dieron toques eléctricos, golpearon, entre otros tipos de tortura, esto para hacerle decir cosas que él no sabía ni tenía nada que ver, y que fue tanta la tortura que cayo desmayado.

Ya dentro del centro cuenta que no había podido aprender un oficio, pero él tenía la intención de estudiar para poder ser abogado y al ser lo más óptimo para él y con esta intención mejorar su vida porque él cree que es lo peor por estar recluido y así mismo será olvidado, al vivir en carne propia la reclusión refiere a que dentro de estos centros no existen las leyes y algo es lo que se dice y otra es la que se hace, menciono y que mientras estuviera recluido solo le quedaba ser fuerte y resistir (Aguillón León & Asencio Pérez, 2022)

Nos damos cuenta entonces que se encuentran lejos los centros penitenciarios de cumplir los y respetar los derechos de las personas recluidas y esto genera cierto rechazo y desinterés a los modelos de reinserción dado que desde el principio no se respetan sus derechos esto nos lleva a una cadena de mala reputación a los profesionales que laboran en los centros.

V. ¿QUÉ SE HACE PARA LOGRAR LA REINSERCION SOCIAL?

Los profesionales en los centros penitenciarios tienen el deber de encaminar a una reinserción donde cada persona recluida sea tomada en cuenta, pero desde su personalidad, y sus deficiencias físico-psíquicas que llevan a determinar su comportamiento criminal, que eso lleva a conocer más íntimamente su personalidad. Esto lo establece la ley sobre la readaptación social de sentenciados y esta prevé que en relación a los recursos que se implementa en la observación científica de personalidad que se dirige a buscar las carencias y de las diferentes causas de la inadaptación social. Para esto en el artículo 6 de las normas mínimas que a su letra dice: "El tratamiento será individualizado, con aportación de diversas ciencias y disciplinas pertinentes para la reincorporación social del sujeto, considerando sus circunstancias personales" entonces entendiendo esto ahora es lógico que se realicen los estudios muy cuidadosos en cada persona recluida para saber su personalidad pero si este resultare muy volátil y cambiante y se tiene que llevar a algo más recurrente como por etapas también la ley en el artículo 7 nos señala: "El régimen penitenciario tendrá carácter progresivo y técnico y costara, por lo menos, de periodos de estudio y diagnósticos y de tratamiento, dividido este último en fases de tratamiento en clasificación y de tratamiento pre liberación. El tratamiento se dará en los resultados de los estudios de personalidad que se practiquen al reo, los que deberán ser actualizados periódicamente. Se procurará realizar el estudio de personalidad del interno desde que este quede sujeto a proceso"

Aquí nos da a entender que es un esquema de progresividad: fases de estudio y también diagnósticos y que primero se dará el estudio y luego el diagnóstico y ya el tratamiento viene después, luego de este periodo de exámenes se inicia el periodo dinámico aquí se observa al reo y con esto se va decidir sobre su propio tratamiento en su clasificación y pre liberación, esto hace que los reos se clasifiquen de mejor forma para así logra la individualización del tratamiento esto para erradicar la promiscuidad como en las viejas cárceles Esta separación también se debe dar entre procesados y condenados esto es seria sumamente acertado y benéfica para los procesados ya que aún existe la presunción de inocencia, ya que aún no han recibido su sentencia que esto al contrario de los ya condenados que ya la recibieron y es entonces que si no existe esta separación se vulnera ala reinse4rcion al tener juntos a un probable responsable y a un reo cumpliendo su condena y que podría ser un delincuente e habitual o profesional (Ojeda Velázquez, 2012)

CONCLUSIÓN

Entonces a manera de conclusión podemos señalar que son más los beneficios en pro de la sociedad a las personas pre liberadas, sentenciadas o los que aún esperan una condena, con la correcta aplicación de los modelos ya existentes y que se mencionan y se da un ejemplo de la manera en la que están funcionando. Esto sería bueno aplicarlo en los diferentes centros penitenciarios del país ya que algunos de estos modelos se encuentran en pocos centros, esto a fin de tener una mayor tasa de reinserción y así mismo una disminución de la reincidencia delictiva que es la misma que lleva a la crisis que sufre el país año con año y que va en aumento.

Los gobiernos al enfocar sus políticas públicas hacia la correcta reinserción social y aplicación los modelos darán una nueva vida a las personas recluidas a sus familias y mejor aún se dará un bien social ya que al no respetarse sus derechos se violan gravemente los tratados internacionales de los que México es parte, es entonces importante dar el trato correcto a las personas recluidas y desde ahí empezar a tratar de frenar el índice de violencia que va en aumento

REFERENCIAS

Aguillón León, I., & Asencio Pérez, A. (2022). Derechos humanos, reinserción social y justicia restaurativa en México. *Reflexiones en Trabajo Social, 2*(1)*, 24-30.*

Córdova Sánchez, C. A. (2016). Política de reinserción social en México. *Revista legislativa de estudios sociales y de opinión pública, 9*(18), 118.

De Landa Dorantes, J. A. (2024). *Investigaciones y Estudios Superiores, S.C.* (U. Anáhuac, Editor, & D. d. Institucional, Productor). https://www.anahuac.mx/mexico/EscuelasyFacultades/actuaria/noticias/jorge-cueto-felgueroso-actuaria-gen-89-fundador-de-prison-art

Martínez Martínez, L., & Chávez Ochoa, k. D. (2022). ANUARIO DE DERECHO, COMERCIO INTERNACIONAL, SEGURIDAD Y POLÍTICAS PÚBLICAS. *Anuario de Derecho, Comercio, Internacional, Seguridad y Políticas Publicas,* 4.

Ochoa García, j., & Martínez Camacho, H. (2020). La función de la biblioteca penitenciaria en la reinserción social de los internos del complejo penitenciario Puente Grande, Jalisco, México. *Información, cultura y sociedad,* 165 y 166. doi: 10.34096

Ojeda Velázquez, J. (2012). *Reinserción social y Función de la Pena.*

Osorio Saldívar, L. A., Martínez Altamirano, E., & Reyna Vela, P. (03 de 09 de 2021). Desafíos del Sistema de Reinserción Social en México. *DYCS VICTORIA,* 38. doi: https://doi.org/10.29059/rdycsv.v3i2.123

Sánchez, C. A. (2016). Política de reinserción social en México. *Revista Legislativa de Estudios Sociales y de Opinión Pública, 9,* 106.

Gutiérrez, A. L. (2019, agosto 01). Prison Art, una empresa ´tatuadora´del penal de Puente Grande para el mundo. *El financiero.* https://www.elfinanciero.com.mx/empresas/prison-art-una-empresa-tatuadora-del-penal-de-puente-grande-para-el-mundo/

[31]

Capítulo 3

Análisis de los programas sociales aplicados a personas migrantes en México

Luz Anayeli Pérez Pérez[1], Jesús Chan Hernández[2], Jesús Antonio Ramos Ferrer[3]
e Hilda Guadalupe Alperte Rodríguez[4]

Resumen

A lo largo de los años, México ha desarrollado una serie de programas y apoyos económicos orientados a beneficiar a su población, destacando particularmente durante la administración de Andrés Manuel López Obrador (2018-2024). Este análisis se enfoca en los programas sociales dirigidos a los migrantes, evaluando su alcance y efectividad. Como país de tránsito migratorio, México enfrenta desafíos significativos, incluyendo discriminación, pobreza y xenofobia. Sin embargo, el gobierno mexicano se ha comprometido a promover los derechos de los migrantes mediante la implementación de diversos programas sociales y la firma de acuerdos destinados a gestionar el crecimiento de la población migrante. La migración, aunque presenta retos considerables, conlleva también importantes beneficios económicos. México ha destinado recursos a iniciativas como "Sembrando Vida" y "Jóvenes Construyendo el Futuro" en Centroamérica con el objetivo de abordar las causas estructurales de la migración irregular. Estos programas están diseñados para proporcionar empleo y capacitación, mejorando así el bienestar de los migrantes en sus países de origen y reduciendo la necesidad de emigrar. Organizaciones como ACNUR juegan un papel crucial en la protección de los derechos de los refugiados y en la integración de los migrantes. Además, el gobierno mexicano ha firmado

[1]* Autor de correspondencia: perezperezluz3@gmail.com, http://orcid.org/0009-0251-3893-9228, División Académica Multidisciplinaria de los Ríos de la Universidad Juárez Autónoma de Tabasco, Tenosique, Tabasco, México.

[2] jesus.chanh@ujat.mx, https://orcid.org/0000-0003-3072-813, División Académica Multidisciplinaria de los Ríos de la Universidad Juárez Autónoma de Tabasco, Tenosique, Tabasco, México.

[3] jesus.ramos@ujat.mx, http://orcid.org/0000-0003-3893-9083, División Académica Multidisciplinaria de los Ríos de la Universidad Juárez Autónoma de Tabasco, Tenosique, Tabasco, México.

[4] División Académica Multidisciplinaria de los Ríos de la Universidad Juárez Autónoma de Tabasco, Tenosique, Tabasco, México.

acuerdos para facilitar el retorno de migrantes a sus países de origen, ofreciendo apoyo económico y oportunidades laborales.

Palabras clave: ACNUR, jóvenes construyendo el futuro, migración, programas sociales, sembrando vida.

INTRODUCCIÓN

A lo largo de los años y bajo diferentes administraciones, México ha establecido una serie de programas y apoyos económicos destinados a beneficiar a su población. Aunque estos programas han tenido un impacto positivo general hasta el presente, es notable que durante el gobierno de Andrés Manuel López Obrador (2018-2024) se ha visto un incremento significativo en la cantidad y alcance de los programas sociales en comparación con el período del gobierno de Carlos Salinas de Gortari (1988-1994). En este contexto, este análisis se centra en los programas sociales que, en la actualidad, no solo benefician a los ciudadanos mexicanos, sino también a los migrantes.

El objetivo principal de este estudio es examinar el impacto y los beneficios de los programas sociales destinados a los migrantes en México. Como país de tránsito migratorio, México enfrenta desafíos sociales como el aumento de la discriminación, la pobreza, la xenofobia y el racismo. A pesar de estos problemas, el gobierno mexicano ha promovido los derechos de los migrantes y refugiados mediante la implementación de programas sociales y acuerdos para gestionar el crecimiento de la población migrante.

Aunque existe cierto desacuerdo entre los ciudadanos mexicanos y otras personas respecto a este apoyo, ya que se considera que debería ser destinado exclusivamente a la población nacional, y a menudo se utiliza la expresión "quien los mandó a salir de su país", el gobierno mexicano ha optado por ignorar estas opiniones. La realidad es que muchos migrantes que llegan a México lo hacen huyendo de la discriminación, violencia, abuso de autoridad y pobreza en sus países de origen. Al llegar a México, a menudo se encuentran en una situación de vulnerabilidad, lo que motiva la intervención de organizaciones civiles y gubernamentales que brindan apoyo a estas personas extranjeras.

HISTORIA DE LA MIGRACIÓN

La migración enlaza países, ciudades y comunidades, siguiendo patrones de movilidad existentes o creando nuevos en respuesta a cambios en las condiciones políticas, sociales y económicas. Representa experiencias compartidas, atiende necesidades económicas y fortalece vínculos culturales. Al mismo tiempo, plantea desafíos y ofrece oportunidades tanto para los migrantes como para las sociedades que los reciben a demás plantea desafíos y ofrece oportunidades tanto para los migrantes como para las sociedades. (Migraciones, 2024)

Actualmente, hay aproximadamente 258 millones de migrantes internacionales en todo el mundo, lo que representa alrededor del 3.4 por ciento de la población global. En 2015, estos migrantes aportaron 6.7 billones de dólares, equivalentes al 9.4 por ciento del Producto Interno Bruto global. Esta cifra es un 4 por ciento superior a lo que habrían contribuido si hubieran permanecido en sus países de origen. De esta ganancia económica, el 90 por ciento se concentra en 25 países receptores de migrantes. (OIM, 2024)

La complejidad y la importancia de la migración en la sociedad contemporánea no solo conectan geografías, sino que también tiene impactos significativos en la economía global, aumentando el PIB mundial y beneficia a los países receptores.

De igual manera que existen aproximadamente 258 millones de migrantes internacionales en el mundo, lo que representa una parte significativa de la población global. Estos migrantes no solo contribuyen económicamente, sino que también enriquecen las culturas locales y responden a necesidades económicas específicas.

El texto también menciona que la migración presenta desafíos, pero también ofrece oportunidades tanto para los migrantes como para las sociedades receptoras. Esto subraya la importancia de políticas que no solo regulen la migración, sino que también reconozcan y aprovechen los beneficios que puede aportar a nivel económico y social. (CEPAL, 2024)

Los movimientos de personas, conocidos como migraciones, están ampliamente cubiertos por doctrina, leyes y jurisprudencia. Sin embargo, aún falta una definición clara que permita distinguir entre las diversas categorías de migración que se manifiestan en la práctica, y que explique en detalle las razones detrás de estos desplazamientos. (Efraín Peña-Moreno, 2014)

La migración, aunque a menudo se percibe como un conflicto entre países, ofrece numerosos beneficios económicos para todos los involucrados. A pesar de que la población mexicana puede sentir un impacto negativo debido a que muchos recursos económicos del país se destinan tanto a los migrantes que residen en México como a aquellos que se encuentran en sus países de origen, un análisis más detallado muestra que este fenómeno contribuye al crecimiento económico del país. El flujo de remesas, que son transferencias de dinero enviadas por migrantes a sus familiares en su país de origen, juega un papel importante en este proceso.

Es importante destacar que, en su mayoría, las personas que ingresan a México reciben apoyo financiero de sus familiares que viven en otros países. Esta dinámica resalta cómo, a pesar de las percepciones negativas que pueden existir, la migración en realidad puede tener efectos positivos en la economía del país receptor y en la estabilidad financiera de las familias a nivel global (Organización Internacional para las Migraciones, 2024).

Debido a esto surge La Oficina del Alto Comisionado de las Naciones Unidas para los Refugiados (ACNUR) fue creada el 14 de diciembre de 1950 por la Asamblea General de la ONU. Esta entidad tiene la responsabilidad de liderar y coordinar las acciones internacionales para proteger a los refugiados en todo el mundo. Su misión principal es asegurar los derechos y el bienestar de los refugiados, garantizando que todos puedan solicitar asilo en otro país y disfrutar de él. Además, se enfoca en encontrar soluciones duraderas para los refugiados, tales como la repatriación voluntaria en condiciones seguras y dignas, la integración en el país receptor o el reasentamiento en un tercer país.

El principal objetivo es proteger los derechos y el bienestar de los refugiados, asegurando que todos puedan solicitar y recibir asilo en un país extranjero. También se busca encontrar soluciones duraderas, como la repatriación voluntaria bajo condiciones seguras y dignas, la integración en el país de acogida, o el reasentamiento en una tercera nación. Además, el ACNUR está encargado de brindar asistencia a las personas apátridas en todo el mundo. (Oficina del Alto Comisionado de las Naciones Unidas para los Refugiados)

Para comprender el trabajo de ACNUR, es fundamental saber qué define a un refugiado. Legalmente, un refugiado es una persona que teme ser perseguida por motivos de raza, religión, nacionalidad, pertenencia a un grupo social específico u opiniones políticas. Esta persona debe estar fuera de su país de origen y no puede o no desea buscar protección en ese país debido a sus temores, o, si no tiene nacionalidad, se encuentra fuera del país en el que vivía anteriormente y no puede o no quiere regresar allí debido a los mismos temores. (ACNUR, 2018)

EL ACNUR EN MÉXICO

El ACNUR respalda las iniciativas del Gobierno de México para proteger a los refugiados. Para comprender el trabajo de ACNUR, es crucial conocer la definición legal de un refugiado, quien es una persona que teme ser perseguida debido a su raza, religión, nacionalidad, pertenencia a un grupo social específico o creencias políticas. Un refugiado debe encontrarse fuera de su país de origen y no puede o no desea buscar protección en ese país debido a sus temores; si carece de nacionalidad, está fuera del país en el que vivía anteriormente y no puede o no quiere regresar allí por las mismas razones.

El ACNUR se dedica a garantizar los derechos y el bienestar de las personas obligadas a huir de sus países, asegurando que quienes escapan de la violencia y persecución tengan derecho a protección y a solicitar asilo. Además, ofrece soluciones duraderas que promueven la integración en el país mediante la colaboración con socios y comunidades locales. Entre sus prioridades y actividades se encuentran la vigilancia en puntos fronterizos, estaciones migratorias y refugios para migrantes; la identificación y orientación de casos hacia el procedimiento de determinación de la condición de refugiado; el impulso para alinear la legislación nacional con los estándares internacionales de protección para refugiados y apátridas; la capacitación de funcionarios y el apoyo técnico en protección internacional, además de la asistencia a víctimas de trata y menores no acompañados.

También trabaja en apoyo a gobiernos locales y la sociedad civil para facilitar la integración de los refugiados. En México, el ACNUR coordina programas como la asistencia legal y material a refugiados proporcionada por Sin Fronteras IAP en Ciudad de México, el apoyo a la integración socioeconómica de refugiados y solicitantes de asilo a través del Programa Casa Refugiados, AC en Ciudad de México, y la detección y asistencia temporal a solicitantes de condición de refugiado, refugiados, beneficiarios de protección complementaria y apátridas, a cargo de Casa del Migrante Scalabrini, A.C. – Albergue Belén en Tapachula, Chiapas. (ACNUR)

¿Que son los programas sociales?

Un programa social se caracteriza por ser una serie de actividades, servicios o procedimientos bien estructurados y coordinados. Su propósito es lograr objetivos concretos dentro de plazos determinados, con responsables claramente identificados. Su implementación adecuada es crucial para el éxito de un plan general de desarrollo o acción. ArderEgg 2002)

En el marco del Plan Nacional de Desarrollo de México, los programas sociales podrían ser fundamentales. Estos programas podrían enfocarse en reducir la desigualdad y la pobreza, impulsar el crecimiento económico en distintas regiones del país, y trabajar en conjunto con los países centroamericanos y Estados Unidos para abordar cuestiones migratorias. (Stephanie Leutert,Ana Ruiz, Raymond Weyandt, 2019-2020)

Un programa social bien planificado debería incluir medidas específicas para asegurar la seguridad de los migrantes durante su tránsito, así como iniciativas educativas para combatir el racismo y la xenofobia. Es esencial que estos programas se alineen con los objetivos generales del plan nacional de desarrollo para alcanzar resultados sostenibles y efectivos. (Stephanie Leutert,Ana Ruiz, Raymond Weyandt, 2019-2020)

En resumen, los programas sociales descritos son estructuras organizadas y sistemáticas diseñadas para lograr metas específicas dentro de un plazo determinado. Dentro del Plan Nacional de Desarrollo de México, estos programas son

[37]

esenciales para enfrentar problemas como la migración y la desigualdad social, garantizando un desarrollo justo y sostenible. (Stephanie Leutert, Ana Ruiz, Raymond Weyandt, 2019-2020)

Programas sociales en México durante el periodo 2018-2024

La política social en México destaca la implementación de programas para combatir la pobreza y la marginación. El artículo 13 de la ley para migrantes establece que el gobierno estatal y municipal debe implementar políticas compensatorias y de asistencia, así como oportunidades de desarrollo económico, destinando recursos y estableciendo metas cuantificables (Aguilar, 2019).

La Secretaría de Desarrollo Social y Regional (SEDESORE) impulsa estas políticas a través del fortalecimiento de infraestructura básica y productiva, buscando mejorar las condiciones de vida y aumentar los ingresos de la población vulnerable mediante proyectos de infraestructura social y apoyo al desarrollo productivo, también menciona la creación de nuevos programas sociales bajo lineamientos nacionales e internacionales para atender situaciones de vulnerabilidad no cubiertas por programas existentes (Aguilar, 2019).

Por otro lado, el Plan Nacional de Desarrollo de Andrés Manuel López Obrador propone colaboraciones internacionales para abordar la migración desde una perspectiva de desarrollo regional y económico, con el objetivo de reducir la desigualdad y la pobreza (Forbes Staff, marzo 26, 2024).

Se destaca la promoción de la inclusión y el respeto a los derechos humanos de los migrantes, así como la cooperación con países centroamericanos y Estados Unidos para gestionar de manera segura el tránsito de migrantes a través de México (Forbes Staff, marzo 26, 2024).

Los programas sociales implementados por el gobierno del presidente Andrés Manuel López Obrador incluyen iniciativas como "Sembrando Vida" y "Jóvenes Construyendo el Futuro", dirigidas a crear empleo y mejorar el bienestar de la población joven y rural en México y Centroamérica (Forbes Staff, marzo 26, 2024).

Estos programas reflejan un enfoque integral que busca tanto el desarrollo económico como la inclusión social. En resumen, los programas sociales en México son instrumentos clave para mejorar las condiciones de vida de la población vulnerable, así como para abordar los retos migratorios desde una perspectiva de desarrollo sostenible y colaboración internacional.

Este análisis proporciona una comprensión detallada de cómo los programas sociales y las políticas gubernamentales en México están diseñados para abordar desafíos sociales y migratorios mediante estrategias coordinadas y de largo plazo.

La migración actual en México

El estudio de opinión pública realizado por la World Values Survey entre enero y abril de 2018 revela una división en la percepción de los mexicanos sobre la migración. Solo el 27 % considera que la inmigración impacta positivamente en el desarrollo del país, mientras que otro 26 % opina lo contrario.

La mayoría de los encuestados estarían dispuestos a aceptar la migración bajo circunstancias específicas, como la disponibilidad de empleos o límites en el número de inmigrantes. Sin embargo, encuestas más recientes, como la del Washington Post y Reforma en julio de 2019, indican que el desempleo es la principal preocupación para los ciudadanos mexicanos, relegando a la migración a un lugar secundario en sus preocupaciones. (Leutert, s.f.).

Por otro lado, el presidente Andrés Manuel López Obrador ha defendido políticas para asistir a los migrantes y promover que permanezcan en sus países de origen. El gobierno mexicano invierte anualmente 4,000 millones de dólares en el control del flujo migratorio, aplicando medidas como el apoyo de la Guardia Nacional y la protección de los migrantes sin documentación. (Staff, 2024).

López Obrador señala que México cuenta con uno de los índices de desempleo más bajos a nivel mundial y cuestiona por qué no se destina más dinero al desarrollo de los países de origen para disminuir la migración. Este enfoque se ha intensificado debido al aumento del 77.2 % en la migración irregular a través de México durante 2023. (Forbes Staff, marzo 26, 2024).

Los programas sociales para migrantes son parte integral del plan de desarrollo de López Obrador. Dos iniciativas destacadas son "Sembrando Vida" y "Jóvenes Construyendo un Futuro", lanzadas en el sur de México en 2019. "Sembrando Vida" busca plantar cultivos y árboles en 550,000 hectáreas, mientras que "Jóvenes Construyendo un Futuro" ofrece becas educativas y capacitación laboral a 2.3 millones de jóvenes.

Ambos programas tienen como objetivo generar empleo, mejorar el bienestar ambiental y abordar la inseguridad alimentaria, tanto en México como en Centroamérica (Forbes Staff, marzo 26, 2024).

Este análisis muestra cómo las políticas y percepciones sobre migración en México están influidas por preocupaciones económicas y sociales, así como por las estrategias gubernamentales para abordar estos desafíos a través de programas específicos.

PROGRAMAS SOCIALES PARA MIGRANTES

Vuelta a la patria

El programa mencionado ofrece asistencia económica a los migrantes que retornan, incentivando su integración en programas de bienestar y oportunidades laborales. Además, se han establecido colaboraciones con empresas tanto venezolanas como mexicanas para facilitar empleo a los migrantes al regresar a su país de origen. Las autoridades mexicanas han negociado acuerdos con el presidente Nicolás Maduro de Venezuela para apoyar el retorno de migrantes venezolanos y evitar que vuelvan a migrar. El convenio conocido como "Vuelta a la Patria", anunciado por la secretaria de Relaciones Exteriores, Alicia Bárcena, tiene como objetivo principal facilitar el retorno de los venezolanos a su país. Además, México proporciona apoyo económico similar al ofrecido en programas nacionales como Jóvenes Construyendo el Futuro y Sembrando Vida, que consiste en aproximadamente 110 dólares mensuales durante seis meses a personas deportadas. Se ha firmado un acuerdo similar con Colombia y Ecuador para proporcionar también 110 dólares mensuales a migrantes retornados a esos países, bajo un programa de prácticas profesionales. (Arturo Rojas, 2024)

Jóvenes construyendo el futuro

Los programas "Jóvenes Construyendo el Futuro" y "Sembrando Vida" buscan abordar las raíces estructurales de la migración irregular desde los países del norte de Centroamérica y el sur-sureste de México. "Jóvenes Construyendo el Futuro", alineado con el Plan de Desarrollo Integral de la CEPAL, tiene como objetivo principal proporcionar capacitación laboral a jóvenes de 18 a 29 años que no están empleados ni estudiando. Además de una beca mensual de 3,336.29 pesos, el programa ofrece formación en habilidades técnicas y sociales, representando para muchos participantes su primera experiencia significativa en el mercado laboral. (CEPAL, Base de datos de programas de protección social no contributiva, 2019)

Sembrando vida

Por su parte, "Sembrando Vida" está diseñado para promover el desarrollo regional mediante la agricultura en áreas con alta migración externa. Requiere que los participantes sean residentes de municipios con alta tasa de migración y posean entre una y tres hectáreas de tierra para cultivo agrícola. Este programa proporciona beneficios mensuales de 4,501.30 pesos, apoyo en especies, herramientas, fertilizantes y asistencia técnica semanal en agricultura. (Social, s.f.)

Ambos programas no solo buscan mejorar las condiciones económicas de los participantes, sino también fortalecer la economía local y reducir la necesidad de emigración. Proporcionan una vía para que los jóvenes adquieran habilidades que aumenten su empleabilidad y contribuyan al desarrollo económico regional. Sin embargo, es crucial evaluar la efectividad a largo plazo de estos programas en términos de su impacto en la reducción de la migración irregular y en la sostenibilidad de las mejoras económicas locales. (Embajada de México en Honduras, 2024)

Figura 1. (EstebanBiba/ EFE., 2024)

CONCLUSIÓN

Los programas sociales implementados por el gobierno de Andrés Manuel López Obrador han demostrado ser esenciales no solo para la población mexicana, sino también para los migrantes que transitan y residen en el país. Estos programas, como "Sembrando Vida" y "Jóvenes Construyendo el Futuro", buscan abordar las causas estructurales de la migración irregular al proporcionar empleo y capacitación en los países de origen de los migrantes, promoviendo así su desarrollo económico y social.

Además, la colaboración con organizaciones internacionales como ACNUR refuerza el compromiso de México con los derechos humanos y la protección de los refugiados. Aunque existen desafíos, como la discriminación y la xenofobia, el apoyo continuo y la integración efectiva de los migrantes pueden generar beneficios económicos y sociales a largo plazo para el país. En última instancia, estos esfuerzos contribuyen a la creación de una sociedad más inclusiva y equitativa, donde los derechos y el bienestar de todas las personas, independientemente de su origen, son promovidos y protegidos.

REFERENCIAS

Romero, Luis. (2016). Metodología de Investigación Jurídica. Ediciones de la Universidad de Castilla La Mancha.

ACNUR. (2018, 13 de abril). Qué significan las siglas ACNUR y qué funciones desempeña la organización. Recuperado de https://www.acnur.org/mx/pais/mexico

Rojas, A. (2024, 21 de marzo). México otorga 110 dólares al mes a migrantes venezolanos deportados: Alicia Bárcena. *El Economista*. de https://www.eleconomista.com.mx/politica/Mexico-otorga-110-dolares-al-mes-a-migrantes-venezolanos-deportados-Alicia-Barcena-20240321-0055.html

ACNUR. (n.d.). El ACNUR en México. https://www.acnur.org/mx/pais/mexico#:~:text=El%20ACNUR%20en%20M%C3%A9xico&text=Trabaja%20en%20asegurar%20que%20las,socios%20y%20comunidades%20de%20acogida

Forbes Staff. (2024, 26 de marzo). México firma acuerdo para pagar también 660 dólares a migrantes retornados de Ecuador y Colombia. Forbes. Recuperado de https://www.forbes.com.mx/mexico-firma-acuerdo-para-pagar-tambien-660-dolares-a-migrantes-retornados-de-ecuador-y-colombia/

Badajoz Ramos, J. A., & Pérez Márquez, L. A. (2022). Los programas sociales y la efectividad de sus resultados. Ciencia Latina Revista Científica Multidisciplinar, 6(5), 2041-2060. https://doi.org/10.37811/cl_rcm.v6i5.3229

ACNUR. (s. f.). https://eacnur.org/es/blog/que-significanlassiglasac-nurtc_alt45664n_o_pstn_o_pst#:~:text=Las%20siglas%20de%20ACNUR%20significan,est%C3%A1%20presente%20en%20130%20pa%C3%ADses.

(s.f.).ObtenideTihttps://x.com/gbiernoMX/status/178835154433888656

Gobierno de México. (2022, 30 de diciembre). Acuerdo por el que se emiten los Lineamientos de Operación del Programa para el Bienestar de las Personas en Emergencia Social o Natural, para el ejercicio fiscal 2023. file:///C:/Users/USER/Downloads/PESN_2023_DOF%20lineamientos.pdf

Leutert, S., Ruiz, A., & Weyandt, R. (2019-2020). La iniciativa de políticas públicas de centroámerica y México. file:///C:/Users/USER/Downloads/PRP-216_Las-Poli%CC%81ticas-Migratorias-de-Andre%CC%81s-Manuel-Lo%CC%81pez-Obrador-en-Me%CC%81xico%20(1).pdf

Capítulo 4

La criminalística como ciencia básica para el estudiante de Derecho

Lucero Guadalupe Palma Que[1]*, Marielvira Murillo Hernández[2], Rafael Rosario Grajales[3] y Gloria Guadalupe Rodríguez Chan[4]

Resumen

La criminalística es esencial en la formación de los abogados, ya que se enfoca en el estudio material de los indicios de un crimen y su correcta manipulación. Esto incluye la identidad, estado original, recolección, preservación, empaque, traslado y cambios en la custodia de las evidencias. Investigar implica transformar realidades, y la criminalística ayuda a evolucionar como sociedad al mejorar la calidad de vida mediante la investigación. Históricamente, la criminalidad es tan antigua como la humanidad misma, remontándose a la Biblia con Caín y Abel. La búsqueda de culpables y métodos como el tormento eran comunes en la antigüedad. La criminalística moderna surgió en el siglo XIX en Europa, con personajes como Jean Baptiste Vidoq, un criminal convertido en informante para la policía parisina, jugando un papel clave. La criminalística se ha desarrollado a través de tres etapas: equívoca, empírica y científica, según Bernardo de Quirós. Inicialmente, delincuentes se convertían en policías; luego, personas sin antecedentes, pero sin métodos científicos; y finalmente, se adoptaron métodos científicos para interpretar evidencias. Como ciencia, la criminalística aplica técnicas y procedimientos sistemáticos para analizar evidencias físicas en escenas de crimen, proporcionando información crucial para reconstruir eventos e identificar responsables. Se apoya en diversas disciplinas como la física, química, biología, medicina legal y otras. Es fundamental que

[1]* Autor de correspondencia: luceropalma_1895@hotmail.com, https://orcid.org/0009-0002-7291-0217, Universidad Juárez Autónoma de Tabasco, División Académica Multidisciplinaria de los Ríos, Tenosique, Tabasco, México.

[2] Universidad Juárez Autónoma de Tabasco, División Académica Multidisciplinaria de los Ríos, Tenosique, Tabasco, México.

[3] Universidad Juárez Autónoma de Tabasco, División Académica Multidisciplinaria de los Ríos, Tenosique, Tabasco, México.

[4] Universidad Juárez Autónoma de Tabasco, División Académica Multidisciplinaria de los Ríos, Tenosique, Tabasco, México.

los abogados comprendan la criminalística, ya que es una parte crucial del derecho penal y garantiza un proceso justo y eficiente. La reforma del sistema penal en México en 2008 introdujo el sistema acusatorio adversarial, que protege los derechos de las víctimas e imputados, buscando transparencia y eficiencia en la justicia. En resumen, la criminalística es vital para la recolección y preservación de evidencias en investigaciones criminales. Los estudiantes de derecho deben conocer esta ciencia para aplicar técnicas de investigación científicas y normativas, apoyando efectivamente a las instituciones judiciales en la resolución de crímenes.

Palabras clave: criminalística, derecho penal, psicología, pruebas.

INTRODUCCIÓN

La criminalística es un arma importante para en la formación del abogado, entendemos que la criminalística es una ciencia que su único objetivo es el estudio material de los indicios, para el manejo de los mismos, desde su localización, el descubrimiento o aportación deben ser manipulados de manera correcta bajo las medidas como la ciencia lo indica, para eso debemos de tener   en cuenta los siguientes factores que son muy importantes los cuales son: la identidad, el estado original, las condiciones de recolección, la preservación, el empaque y el traslado; los lugares y fechas de permanencia y los cambios que en cada custodia se hayan realizado correctamente.

La palabra investigar es un sinónimo de transformación de cambios ya que se investiga para cambiar realidades para ayudar ya sea a alguien y también porque no con esos hallazgos, para así poder evolucionar como especie humana, la investigación es entonces, el punto más importante de los dones que posee el hombre al realizar un acto que mejorara la calidad de vida de sus objetivos en la investigación.

El objetivo es demostrar la importancia de la criminalística en el desarrollo y formación de los futuros abogados.

I.   HISTORIA DE LA CRIMINOLOGÍA

La conducta criminal es tan antigua como el ser humano mismo, quien ya, en su segunda generación bíblica se habría convertido en un homicida cuando Caín mató a su hermano Abel. Desde la prehistoria en adelante, la conducta criminal se ha repetido y junto con ella, la búsqueda y el castigo al culpable. Avanzando en la historia de la Criminalística, no se puede dejar de mencionar un método especial para descubrir la verdad que perdura hasta nuestros días: el tormento. El suplicio era con la sola excepción de los hebreos cuyo código penal resultaba asombrosamente benigno para su época, el método usual en los interrogatorios policiales y judiciales de todos los pueblos de la antigüedad.

Es una disciplina antigua la cual con el tiempo ha ido desarrollando y afirmando con el paso del tiempo antes los indicios de la criminalística eran de ciencias aisladas, es decir que no era una ciencia multidisciplinaria, sino una ciencia independiente la cual con el pasar de los años se ha ido "aliando" a las demás ramas que la conforman con el único fin de obtener resultados que sean confiables y viables para las investigaciones penales, la criminalística en sus inicios estaba conformado con la dactiloscopia que es aquella ciencia que tiene como objeto el estudio de las huellas dactilares.

La criminalística actual tiene sus orígenes en la Europa del siglo XIX. Fue en París, de 1809, donde los altos niveles de inseguridad, nació la inquietud y curiosidad por resolver lo que llamamos "crímenes" puede considerarse aún más atrás en la línea del tiempo, se manifestó de forma interesante para esta época y lugar. El cuerpo policial de la época Napoleónica no hallaba una estrategia certera que les permitiera brindar a la comunidad la contención que merecían y reclamaban. Fue entonces cuando a Joseph Fouché – director de la policía de París- puso en marcha una arriesgada jugada, que, si era eficaz, significaría el éxito de su gestión o de lo contrario representaría un fracaso tal que marcaría de forma indeleble su carrera. El gran interrogante resonó en el aire de las reflexiones y tensiones, *"¿quién mejor que un criminal para guiarnos hacia la solución de este problema que nos aqueja?"*

Fue así como llega a escena Jean Baptiste Vidoq, ladrón experimentado, de larga trayectoria, y con una fama entre los delincuentes más buscados por la justicia francesa. Este experto representaba la fuente más interesante de información para la policía parisina, y por ello, luego de llegar a un acuerdo -cuyos términos son desconocidos por la historia-, este famoso criminal acepta aportar sus conocimientos al servicio de la comunidad, y revelar los misterios del mundo criminal y sus modus operandi.

En si como toda ciencia la Criminalística en su proceso de evolución, ha atravesado distintas fases a lo largo de la historia. En este sentido, consideraremos las etapas de la investigación científica del delito propuestas por Bernardo de Quirós, que figuran en la obra del Dr. Roberto Albarracín "Manual de Criminalística". (1971), y que (Juan H. , 2004)rescata en la propia.

La primera de las etapas mencionadas por el español Quirós, está íntimamente vinculada con el inicio de nuestra reseña histórica, y se denomina etapa equívoca. Durante este período, a los fines de tener un mayor conocimiento de los procesos delictivos y mejorar las posibilidades de aprehender a los delincuentes, las instituciones encargadas de prevenir y reprimir la delincuencia, incorporaban a delincuentes para convertirlos en efectivos policiales.

Ante los tristes resultados de la primera etapa, se optó por incorporar a la policía a personas que no tuvieran antecedentes delictivos, que poseyeran ciertas facultades útiles a los fines de la investigación de hechos criminales, y evidenciaran vocación para la función policial; sin embargo, estos "proto-criminalistas", no desarrollaban su tarea en función a un método científico, sino que actuaban -como lo indica (Juan H. , 2004)   -, empíricamente. Este momento del proceso representa el segundo período de Quirós: la etapa empírica.

Llegaría más tarde la última y actual fase en la línea del tiempo de Bernardo de Quirós: la etapa científica, en donde los intérpretes de los "testigos mudos" - aquellos indicios encontrados en el lugar del hecho- a través de los conocimientos científicos y los recursos técnicos aportados a la investigación pueden reconstruir el hecho e identificar a su autor o autores.

II.   LA CRIMINALÍSTICA COMO CIENCIA

Para el sistema penal es algo complejo, está fragmentado en diferentes etapas, pero con un mismo propósito esclarecer los hechos que se involucran en un suceso delictivo para así poder cumplir con el objetivo. Desde el punto de vista más amplio el poder judicial se apoyó de diferentes ciencias, pero siendo la criminalística una de las más importantes. Esta desempeñara un papel importante en las investigaciones para así poder tener una mejor resolución en los delitos. A través de la recolección del análisis de la interpretación de evidencias físicas, como huellas dactilares, el ADN, y los elementos presentes en las escenas del crimen, los expertos en criminalística pueden proporcionar información valiosa que ayuda a reconstruir los eventos e identificar a los posibles responsables.

Ha sido objeto de debates y reflexiones en cuanto a su estatus como ciencia, para abordar esta cuestión, es fundamental considerar todos los elementos que caracterizan a una disciplina científica para evaluar si la criminalística los cumple. Cabe destacar que en general, aunque hay muchos requisitos para considerarse una ciencia, también hay puntos delicados que suscitan dudas sobre su estatus como una disciplina científica.

Para saber si es una ciencia se caracteriza por la aplicación de métodos sistemáticos y rigurosos para investigar los fenómenos la criminalística emplea varios tipos de técnicas y procedimientos científicos para analizar las evidencias en una escena.

Criminalística y el acto criminal

El desarrollo de habilidades prácticas es importante en la formación profesional del estudiante de Derecho, para actuar en correspondencia con las demandas de la sociedad.

Entendemos que es una rama que se apoya en métodos y técnicas de las ciencias naturales, pasando por la física la química, la biología en la medicina eh incluso hasta la grafología esto es para demostrar **cómo, quien, cuando, donde y porque se cometió el hecho delictivo.** Es bien sabido que los criminalistas desarrollan su trabajo en la escena del crimen, reuniendo todo pruebas y evidencias, en el laboratorio es donde realizan pruebas aplicando el método científico para demostrar sus hipótesis. Tenemos claro que es una disciplina que lleva por finalidad el descubrimiento de los hechos en el delito, apoyándose en la ciencia y las artes como por ejemplo la física, la química, la medicina legal, la antropometría, la fotografía, la dactiloscopia, la balística entre otras más.

Es una disciplina auxiliar del Derecho Penal y que sin este carece de valor, pues el desarrollo sostenido de su carácter de ciencia, su objeto de estudio, su marco epistemológico y la base de datos teóricos acumulados a través de los años, le otorgan tal categoría. (Rodríguez & Loy, 2016).

¿Es ciencia o es disciplina?

Primero que nada, tenemos que saber que estudia y examina todos los elementos materiales en una escena del crimen, que pueden utilizarse como pruebas en un proceso judicial, entre los elementos que se mencionaran a continuación.

Ciencias auxiliares
· Antropología forense.
· Balística forense.
· Biología forense.
· Botánica forense
· Contabilidad forense.
· Clínica forense.
· Dactiloscopia forense.
· Dibujo forense.
· Entomología forense.
· Física forense.

Por eso es que la criminalística es una ciencia forense multidisciplinar y va de la mano con el derecho penal, se basa más que nada en la investigación criminal a través de la aplicación de los métodos de los procedimientos y claro de las técnicas para una mejor recolección y recopilación de análisis y evidencias físicas que se hayan encontrado en la escena del crimen.

Distinguir entre ciencias periciales y ciencias auxiliares
Las ciencias auxiliares son una serie de disciplinas científicas con autonomía y rango propio que cooperan con el derecho penas y a continuación se mencionan algunas de ellas la medicina legal, la psiquiatría forense, la criminalística y la estadística criminal, (D. V. A., 2012) vamos a desglosar a continuación que es la medicina legal y la dactiloscopia.

La medicina legal es la segunda disciplina aliada de forma histórica en la criminalística, esta ciencia lo que busca es el reconocimiento del cadáver en cuyos delitos que se han atentado contra la vida y la recopilación de pruebas que aporten a las investigaciones tales como determinar autores, cómplices entre otros; esta ciencia utiliza conocimiento tanto médicos como los relacionados al Derecho.

La dactiloscopía es una de las ramas más importantes de la criminalística , pues la policía puede identificar e individualizar a los individuos por medio de esta, ya que las huellas dactilares o digitales son únicos en cada persona , es por ello que los convierte en la herramienta perfecta para poder identificar al sospechoso de cualquier delito, el descubrimiento de la dactiloscopía se los atribuye a los chinos ,sin embargo estos no la usaban como una herramienta para la investigación de crímenes sino para poder realizar negocios y fue el Británico William Herschel quien reveló la utilidad de esta ciencia para poder identificar a las personas.

Por otra parte, las ciencias periciales

Son aquellas a las que nos referimos como el conjunto de materias que contribuyen a investigar y a **esclarecer los hechos que constituyen actos delictivos.** Estas materias pueden referirse a cualquier tipo de ciencia como la física, la química, la medicina, la biología, entre otras.

III.   POR QUÉ EL ABOGADO DEBE CONOCER SOBRE LA CRIMINALÍSTICA

Sabemos que la educación es el instrumento transformador de las sociedades, que quiero decir con esto que es un proceso de culturización, donde se nos aparta de nuestra parte natural, para conducirnos a lo normativo-social, unirnos al colectivo para desarrollarnos en conjunto a través de normas, valores, legalidad buenas finanzas, negocios positivos, integración social, desarrollo de la familia, función laboral, entre otros. (Aguilar, 2020).

Es importante también que entendamos que la criminalística es una parte importante para que el profesional en este caso el abogado deba aprender a trabajar para el acusado y sobre el ente acusador, por eso es necesario que durante su formación lleven la materia ya que la mayoría de los abogados deciden especializarse en derecho penal.

Para eso deben llevar una formación académica para poder tener la capacidad de realizar bien su trabajo a que me refiero que puedan tener un trabajo imparcial.

También debemos tener en cuenta que es importante que sean capaces de ejercer su trabajo bajo cualquier circunstancia para que éste no presente problemas a la hora de poner en práctica todo lo aprendido en su etapa formativa.

En primera instancia, un funcionario público en todos los casos, sea servidor en propiedad o interino, o bien que opere mediante contrato de servicios profesionales para el Poder Judicial, en cuanto realiza una función pública que corresponde a un ente del estado.

Está sujeto al régimen de la administración pública, cuya negativa a realizar una pericia solicitada, puede constituir el delito de desobediencia a la autoridad por cuanto existe una orden con carácter vinculante, o bien el delito de incumplimiento de deberes (Salazar, 1999)

No debemos olvidar que el perito sea una persona poseedora de conocimientos de criminalística que guíen su accionar, amparado en los principios fundamentales de la investigación judicial y criminalística, que aplicados adecuadamente pueden conducir al esclarecimiento de la verdad de los hechos. Estos principios son: uso, producción, intercambio, correspondencia, reconstrucción de hechos, probabilidad y certeza, que se detallaran más adelante: Principio de uso: Parte de la consideración de la necesidad del criminal de algún instrumento o material específico para cometer el ilícito, como pueden ser: un arma blanca o de fuego, palancas, llaves y navajas, etc.

La Criminalística y el Derecho

- La Criminalística y el derecho se complementan mutuamente, ya que la Criminalística proporciona las pruebas necesarias para sustentar las acusaciones y el derecho se encarga de garantizar un proceso justo y respetar los derechos de las personas involucradas.

- La criminalística es aplicable en el derecho en general (derecho civil, derecho mercantil, derecho inmobiliario, derecho penal, ya que están intrínsecamente unidas, por cuanto ambas ciencias fundamentan sus argumentos en la recolección de evidencias físicas, reconstrucción del hecho, exploración de la escena de estudio, identificación de los actores, estudio de las causas probables de las acciones tomadas por las partes, entre otras. Con el objetivo que los abogados litigantes prueben en los juicios, hechos que desean que el juez conozca y obtener una sentencia favorable a sus intereses.

- La criminalística, estudia pruebas y sospechas, con la finalidad de descubrir una verdad, que es muy dispareja a la verdad legal, porque la criminalística es una herramienta utilizada por el derecho para el descubrimiento, explicación y prueba de los hechos, invocados en los procesos judiciales.

IV. LA CRIMINALÍSTICA Y EL SISTEMA PENAL ACUSATORIO ADVERSARIAL.

En México a partir de la reforma del año 2008 el sistema de justicia, en donde se han ido modificando, tanto en los procedimientos, así como en el actuar en el sistema de justicia y la administración de esta, pero aun dejan espacios de reflexión, para analizar la reforma, que especialistas, así como usuarios deben atender, las circunstancia que ocurre en el sistema penal adversarial, que intenta protege los derechos de las personas ofendidas o víctimas, también el garantizar un debido proceso a los imputados, así como se genera la presunción de inocencia, permitiendo con esto tener la intención de fortalecer las instituciones y el sistema de justicia en México, donde la administración de la justicia, puede facilitar que sean más eficientes y transparentes estos procedimientos judiciales, para que generen una cultura de paz (Cabello, 2016), que tanto requiere el país (Monroy, 2017).

Ahora se le da, así como comentadas, para afirmarlas o negarlas, comprobarlas, desde la evidencia y la ciencia criminalística, la criminológica, el derecho, además se tienen que aclarar cada una de ellas, esto ante lugar a este nuevo modelo de impartición de justicia, nombrado como el sistema penal adversarial (Rodríguez, 2013)por sus características que puntualizan lo adversarial, en tanto que la acusación y la defensa se hace por medio de una confrontación de elementos, de pruebas, evidencias, así como argumentos de las partes involucradas, como el interrogatorio y contra interrogatorio, estas deben ser atendidas, escuchadas así como comentadas, para afirmarlas o negarlas, comprobarlas, desde la evidencia y la ciencia criminalística, la criminológica, el derecho, además se tienen que aclarar cada una de ellas, esto ante una autoridad, que en este caso es el juez.

Ya que, en estos procesos, que son meramente actos jurídicos que van dirigidos a la administración y la realización de la justicia, están compuestos por distintos momentos y estos momentos son susceptibles de impugnaciones, con diversos medios de impugnación de las mismas determinaciones judiciales de lo que se trate, ya que como sabemos los humanos que juzgan y participan en estos procesos pueden emitir actores errados contrarios a la norma jurídica ya sea por su mala aplicación o mala interpretación de la ley (Salinas, 2013).

El sistema adversarial se tiene el elemento acusatorio, ya que en las dos partes que representan en juicio, siendo una la que acusa y la otra que se defiende. También es oral, ya que el juicio se realiza mediante un debate verbal, delante del juez, como autoridad, este incorpora acciones y dinámicas de los elementos que la componen, así como señalan su funcionamiento (Shünemann, 2007)lo dirige y lo administra, por lo tanto, cuenta con un riguroso procedimiento jurídico.

Durante estos juicios orales, el acusado en el supuesto que sea culpable puede seguir revictimizando dentro del proceso a la víctima, esto en casos particulares, como lo son los delitos de violación, ejemplificando su conducta al realizar la masculinidad violenta (Hernández, 2017), la masculinidad toxica, así como la masculinidad hegemónica o también conocida como masculinidad tradicional.

¿Cómo podemos entonces detectar como los especialistas en criminología y las ciencias afines forenses, el discurso perverso?, ¿qué señales debemos observar?, analizaremos entonces a los discursos de violencia.- pensemos como lo señala Hirigoyen en su libro Acoso moral, que el perverso establece un dominio y este lo construye a través del discurso, de sus actos, en procesos que dan la impresión de ser comunicativos, pero la particularidad de estos, es que no conducen a la unión, sino todo lo contrario generan de acuerdo a la autora, un distanciamiento y producen la imposibilidad de un intercambio sano, de un acercamiento, en cualquier relación, es decir, deforman la comunicación y usan como objeto al otro, para violentarlo (Hirigoyen, 1999).

Estos sujetos rechazan la comunicación directa, produciendo ambigüedad en sus conversaciones, ejemplo en una carta de afecto y emoción, aparece la comunicación, no de forma directa, no se lo dice a ella, ya que con los objetos no se habla, eluden la comunicación directa, proyectan imagen de él, de grandeza y sabiduría, su comunicación verbal es escasa, su discurso trata de generar desestabilización en el otro, no nombra nada, solo lo insinúa, trata que el otro se responsabilice y niega al mismo tiempo la existencia de un reproche por parte de él, intentando paralizar a su víctima, ya que sería absurdo que esta se defendiera de algo que no paso, se niega a tener discusiones directas, producto que no desea se arregle la discusión, un elemento es que el perverso, trata de intentar que el otro piense, rechaza el dialogo, busca la forma de agravar el conflicto, no le interesa la versión de los hechos, solo su propia versión (Hirigoyen, 1999).

Así como no comprende al otro, su discurso es tortuoso, sin explicaciones y fundamentos, solo ideas y consignas reales, para él, estas ausencias de comunicación se leen en todos los niveles de expresión, ante su víctima se muestra tenso, su cuerpo tieso, su mirada esquiva. Intentan deformar el lenguaje usando diversos tonos de voz, que busca inquietar, confundir, expresando el desprecio, la burla, tenemos que detectar entonces las insinuaciones, las amenazas, los reproches entre líneas, en el discurso del acusado.

CONCLUSIÓN

La criminalística es una ciencia fundamental para los estudiantes de Derecho, especialmente para aquellos que se enfocan en el derecho penal. A lo largo de nuestra formación, hemos aprendido que el manejo adecuado de las evidencias y los indicios en una investigación criminal es crucial para garantizar la justicia. La criminalística no solo nos proporciona las herramientas y técnicas necesarias para recolectar y analizar pruebas, sino que también nos enseña a aplicar métodos científicos rigurosos para esclarecer hechos delictivos.

La historia de la criminalística demuestra su evolución y su creciente importancia en la administración de justicia. Desde los primeros métodos rudimentarios hasta las avanzadas técnicas forenses actuales, esta ciencia ha demostrado ser indispensable para la resolución de crímenes y la identificación de los responsables.

Como futuros abogados, es esencial que comprendamos y dominemos los principios de la criminalística para poder evaluar adecuadamente las evidencias presentadas en los juicios y construir argumentos sólidos basados en datos científicos. La reforma del sistema penal en México y la implementación del sistema acusatorio adversarial resaltan la importancia de una formación integral en esta disciplina. En definitiva, la criminalística no solo fortalece nuestra capacidad para ejercer el derecho penal de manera efectiva, sino que también contribuye a la transparencia y eficiencia en la administración de justicia, promoviendo una sociedad más justa y segura.

REFERENCIAS

Libros y Manuales

Albarracín, R. (1971). Manual de Criminalística.

Rodríguez, J., & Loy, M. (2016). Introducción a la Criminalística.

Salazar, J. (1999). El Perito en el Proceso Penal.

Hernández, R. (2017). Masculinidad Violenta y Derecho Penal.

Hirigoyen, M. (1999). Acoso Moral: El Maltrato Psicológico en la Vida Laboral.

Artículos y Estudios

Aguilar, M. (2020). "El Rol de la Educación en la Transformación Social y el Desarrollo Profesional". *Revista de Derecho y Sociedad*, 15(2), 123-145.

Cabello, A. (2016). "Reformas en el Sistema Penal Acusatorio Adversarial en México: Desafíos y Oportunidades". *Revista Mexicana de Derecho Penal*, 12(1), 45-60.

D. V. A. (2012). "Ciencias Periciales y Auxiliares en el Proceso Penal". *Revista de Ciencias Forenses*, 8(3), 234-250.

Monroy, C. (2017). "Fortalecimiento de Instituciones y la Cultura de Paz en el Sistema Penal Mexicano". *Boletín de Derecho Penal*, 19(4), 78-92.

Rodríguez, J. (2013). "Características del Sistema Penal Acusatorio Adversarial en México". *Revista de Justicia Penal y Procedural*, 9(2), 56-72.

Shünemann, G. (2007). "Aspectos del Procedimiento Oral en el Sistema Penal Acusatorio". *Revista Jurídica*, 11(1), 101-115.

Capítulo 5

Violación a la presunción de inocencia a personas tatuadas: caso El salvador

Carla Michelle Laynes Balcázar[1]*, José Adolfo Pérez de la Rosa[2], Jessica Yoselin Pérez Ricardez[3] y Hardy Francisco Platas Rodríguez[4]

Resumen

El Estado de Excepción es un régimen jurídico declarado por el poder soberano de un país, en situaciones especiales con la finalidad de restaurar la seguridad social y el orden público si las medidas ordinarias no están siendo suficientes, esta herramienta le permite al Estado hacer frente a situaciones que pongan en riesgo al país y a sus habitantes por eso es indispensable que sea utilizado de manera adecuada y proporcional, respetando siempre los derechos fundamentales de las personas. En el presente documento se hace una explicación sobre la normativa que regula y protege los derechos violentados de las personas tatuadas desde que entró en vigor el Estado de Excepción en El Salvador, como lo es la Libertad de expresión y la presunción de Inocencia, dejando en claro que las personas tienen la Libertad de tatuarse lo que deseen sin ser discriminadas o limitadas por ello, siempre y cuando tengan en cuenta las restricciones existentes (ser respetuosos y evitando tatuarse cosas que causen discriminación, daño o que inciten al odio). Los hallazgos documentales dan pauta de cómo el gobierno del El Salvador debe de ser flexible en algunos casos sobre el uso del tatuaje para evitar el proceso de juzgar sin defenderse y que con ello aún se podrá mantener el control de la seguridad que de una u otra forma fue de gran ayuda para los propios salvadoreños.

---

[1]* Autor de correspondencia: michelle_laynes99@hotmail.com, https://orcid.org/0009-0000-5471-4592, Universidad Juárez Autónoma de Tabasco/División Académica Multidisciplinaria de los Ríos, Tenosique, Tabasco, México.

[2] adolfo.perez@ujat.mx, https://orcid.org/0000-0002-2226-4280, Universidad Juárez Autónoma de Tabasco/División Académica Multidisciplinaria de los Ríos, Tenosique, Tabasco, México.

[3] jessica.perez@ujat.mx, https://orcid.org/0000-0003-2900-2483, Universidad Juárez Autónoma de Tabasco/División Académica Multidisciplinaria de los Ríos, Tenosique, Tabasco, México.

[4] Universidad Juárez Autónoma de Tabasco/División Académica Multidisciplinaria de los Ríos, Tenosique, Tabasco, México.

Palabras clave: libertad de expresión, presunción de inocencia, régimen de excepción, tatuajes.

INTRODUCCIÓN

"No solo la tinta en el papel y los muros constituyen un delito, también la tinta en la piel representa un boleto para ir a la cárcel en El Salvador" (Navarro, 2022)

El estado de excepción decretado por el presidente Nayib Bukele en El Salvador se ha convertido en un arma de doble filo. Si bien es cierto esta medida ha ayudado a disminuir las olas de violencia que se vivían en el país junto con las extorsiones y derechos de piso que afectaban a diversos vendedores ambulantes, existen casos de personas donde por cuestiones de procesos y que no tienen nada que ver con esa situación se encuentra afectadas de manera colateral, tanto ellas como sus familiares pues muchos dependen del sustento económico que llevan diariamente. Esta situación deja en evidencia la necesidad de mejorar la aplicación del estado de excepción para que se apegue lo más posible a la ley y no se violen los Derechos Humanos de las personas, en especial el derecho a la libertad de expresión de las personas tatuadas y el derecho a la presunción de inocencia, pues portar un tatuaje no implica necesariamente que seas criminal.

Para entrar en materia es indispensable conocer ¿qué es el Estado de excepción?

El estado de excepción es un régimen jurídico en virtud del cual el gobierno suspende temporalmente algunas o todas las libertades civiles y los procedimientos normales de aplicación de la ley con el fin de hacer frente a una crisis o emergencia extraordinaria. Lo más común es que este régimen se aplique en tiempos de guerra, rebelión, disturbios civiles, desastre natural riesgos de bioseguridad, una epidemia u otras amenazas graves para el orden público y la seguridad nacional. Sin embargo, durante su aplicación, también aumenta las posibilidades a producirse un abuso de poder o como lo es el caso que estamos abordando, que se cometan violaciones a derechos humanos.

Entre sus características encontramos que:

- Puede ser decretado por el presidente de la republica
- Se puede aplicar en todo el territorio o sitios específicos
- Desde que se emite tiene una duración de 30 a 90 días
- Si los conflictos por el cual fueron decretados no han sido solucionados se puede realizar una prorroga
- Restringen el movimiento y reunión de individuos (restricción de libertad)

- Pueden producir efectos negativos hacia los Derechos Fundamentales de los ciudadanos
- También se le conoce como ley marcial o estado de guerra. (Briceño, 2021)

Con base a datos informativos proporcionado por el periódico el Clarín en su versión del día 5 de diciembre de 2022, hace una mención de la Corte Interamericana por los Derechos Humanos sobre lo que sería la Ley Marcial el cual es un sistema de reglas que toma efecto cuando una situación requiere que una autoridad militar tome control de la administración normal de la justicia. Es decir, la Ley Marcial se encargará de decretar un estado de excepción de la aplicación de las normas legales comunes de la constitución del país en cuestión (Redacción Clarín, 2022)

Algunos de los estados de excepción utilizados a lo largo de la historia en distintos países han sido los siguientes:

- Estados Unidos, han estado declarando estados de excepción desde la Revolución estadounidense. La ley marcial se proclamó en los Estados Unidos durante la Guerra Civil, el período de Reconstrucción y las secuelas del huracán Katrina.
- Alemania, en 1933, también proclamó la ley marcial después de que Adolf Hitler llegara al poder.
- Argentina, también tiene antecedentes en la proclamación de estados de excepción, en particular durante la Guerra Sucia en la década de 1970.
- España, declaró alarma en 2010 después de 35 años de democracia Porque los servicios públicos esenciales no estaban garantizados y los controladores aéreos causaron interrupciones del tráfico, lo que resultó en un problema significativo tanto para la industria turística como para la población.
- México y otros países, debido a que el Covid-19 causo una pandemia tuvieron que declarar el estado de emergencia. (Briceño, 2021).

Esta investigación tiene como objetivo principal analizar e identificar los actos de violación a la presunción de Inocencia a personas tatuadas en el Salvador durante la aplicación del estado de excepción.

I. HISTORIA DEL TATUAJE

La fecha en la que el mundo del tatuaje tuvo sus inicios es desconocida, sin embargo; el museo británico de Londres nos ofrece los primeros registros que se tuvieron de ellos con el hallazgo de dos momias egipcias cerca de Gebelein, un hombre y una mujer. Al examinar sus cuerpos notaron marcas en su piel, mediante las cuales probablemente deseaban interpretar el estatus de aquella época, poder, valentía y hasta protección; y que serían sin lugar a dudas los primeros tatuajes de aquella época. Posteriormente, dos alpinistas hallaron el cadáver de un hombre momificado con aproximadamente 61 tatuajes en su cuerpo, por la ubicación de dichas marcas el científico Marco Samadelli sugiere que se realizaban como parte de un tratamiento médico en las articulaciones (Albores Sánchez, 2023).

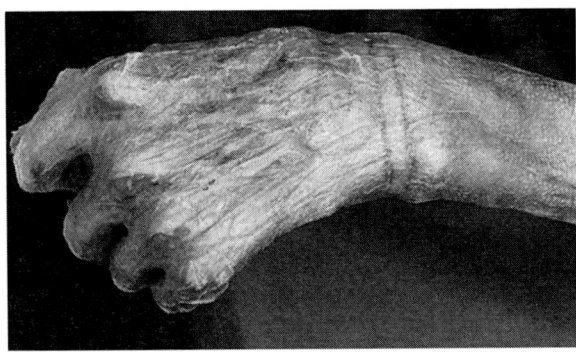

Figura 1. Cultura Colectiva, retomado el día 26 de junio de 2024 y disponible en la página web: https://culturacolectiva.com/arte/diseno/la-historia-del-tatuaje-y-su-evolucion-sobre-la-piel/

Se cuenta con otro registro gracias al hallazgo de las momias egipcias Amunet y Asecond, sus marcas en la piel tenían un mismo patrón de líneas y puntos, aludiendo esta práctica como algo exclusivo de las sacerdotisas.

Al pasar de los años se le fue dando un concepto diferente a los tatuajes, por ejemplo, roma en un inicio los habían destinado a criminales, pero tiempo después las clases altas lo empezaron a utilizar para diferenciarse de la sociedad, simbolizando con los tatuajes su estatus y posición social. Lo mismo sucedió con Japón, pues de ser una marca para criminales, se convirtió en una decoración para el cuerpo.

En la segunda guerra mundial el tatuaje tomo 2 sentidos diferentes, mientras que los soldados americanos se tatuaban para que fuera un símbolo de inspiración y perseverancia durante la batalla, los judíos experimentaban lo contrario de esta práctica, ya que los nazis los marcaban a propósito por la prohibición de la cultura judía con las marcas en el cuerpo y de esta forma los humillaban.

Es en los años 60 y 70 que el tatuaje empieza a considerarse como arte por la popularización que le dieron los hippies al elevarlo con sus diseños multicolores y volviéndolos parte de la moda (Albores Sánchez, 2023).

La historia del tatuaje es compleja y diversa. No existe una única interpretación o significado universal para los tatuajes. Su valor y significado dependen en gran medida del contexto cultural, la época y la persona que los lleva. En la sociedad contemporánea, los tatuajes siguen siendo un tema de debate. Sin embargo, es importante reconocer que son una forma de expresión válida y que no deben ser motivo de discriminación, prejuicios o dar pie a que se violenten algunos derechos.

Analizar a la historia del tatuaje nos permite comprender mejor su significado y simbolismo a través del tiempo y reflexionar sobre las diferentes percepciones que han existido y cómo estas han influido en la forma en que vemos y valoramos los tatuajes en la actualidad.

Es importante recordar que cada persona tiene la libertad de expresarse a través de su cuerpo de la manera que considere conveniente, siempre y cuando no perjudique a los demás. Los tatuajes pueden ser una forma de contar nuestra historia, recordar momentos importantes o simplemente plasmar nuestra identidad, son más que simples marcas en la piel; son historias, símbolos y expresiones culturales que nos conectan con nuestro pasado y nos dan forma como individuos.

II. TATUAJE COMO FORMA DE LIBERTAD DE EXPRESIÓN Y LIBRE DESARROLLO A LA PERSONALIDAD

La libertad de expresión es un derecho fundamental que permite a las personas expresar sus sentimientos, ideas, opiniones y creencias sin temor a represalias, censura o sanción posterior. Este derecho se considera esencial para el desarrollo de una sociedad libre, justa y democrática, ya que permite el debate abierto de ideas, la crítica al poder y la participación ciudadana. En México, la libertad de expresión está consagrada en el artículo 6° de la Constitución Política de los Estados Unidos Mexicanos que ampara:

- Libertad de prensa
- Libertad de reunión
- Libertad de asociación
- Libertad de arte

El derecho al libre desarrollo de la personalidad reconoce la dignidad y el valor intrínseco del individuo y su derecho a perseguir sus propias metas y aspiraciones en la vida sin interferencias indebidas de parte de otros o del Estado. En este sentido, este derecho engloba diferentes tipos de libertades, por ejemplo:

- Autonomía: poder tomar decisiones propias acerca de nuestra vida, incluyendo nuestra identidad, valores y creencias
- Autodeterminación: nos permite perseguir nuestras metas y aspiraciones, sin ser discriminados o que se nos realicen restricciones arbitrarias.
- Integridad física y mental: derecho a la autonomía física y a no ser sometidos a tratos crueles o degradantes.
- Libertad de expresión: nos permite expresar nuestros pensamientos y opiniones de forma libre y sin temor.
- Libertad de asociación: poder formar y unirse a grupos que promuevan opiniones similares a las nuestras
- Libertad de movimiento: poder elegir dónde vivir y trabajar de manera libre.

Este derecho nos permite expresar nuestra identidad, nuestro genero u orientación sexual, nuestras creencia y opiniones, con el objetivo de buscar nuestra propia felicidad.

Ambos derechos protegen el uso del tatuaje, pues esta práctica es un deseo personal mediante el cual los individuos deciden proyectar cierta imagen a los demás, eligiendo como medio su apariencia personal. Gracias a la libertad de expresión y el libre desarrollo de la personalidad se puede utilizar la tinta en nuestra piel como una ayuda que puede transformar la adversidad en belleza. (Rodríguez, 2020)

En las últimas décadas, la percepción de los tatuajes ha comenzado a cambiar gracias a la creciente influencia de las culturas populares, como la música y el arte, y se han vuelto más aceptados y vistos como una forma de expresión personal. Las personas utilizan su piel como lienzo y portan con orgullo diseños coloridos y atractivos, que lejos de reflejar marginalidad expresan su identidad personal, sus creencias y su visión del mundo. Aun a pesar de que por las costumbres y valores sociales de las personas todavía se crean prejuicios, rechazo, etiquetas y discriminación a quienes los portan.

¿Qué es lo que hay realmente detrás de un tatuaje? Esta pregunta tiene muchas respuestas, todo redunda al valor que le da cada persona al tatuaje, hay quienes lo hacen por moda, por querer encajar o pertenecer a un grupo social, por temas estéticos, otros le dan una carga simbólica como recuerdo a personas significativas o hechos trascendentales y memorables en sus vidas, y así podrían seguir los motivos, lo único cierto es que dichos tatuajes sirven para expresar aspectos concretos de nuestra personalidad e identidad, y no deben ser motivos de discriminación pues tenemos el derecho de poder elegir sobre nuestra propia imagen.

III. PRESUNCIÓN DE INOCENCIA

Este principio data en la época Romana, el jurista Ulpiano sostenía: "*satius esse impunitum relinqui facinus nocentis quam innocentem damnari*" (Es preferible dejar impune el delito de un culpable, a condenar y perjudicar a un inocente), sin embargo, se retomó en la época moderna gracias a pensadores como Hobbes, Marqués de Beccaria y Montesquieu, quienes vieron la necesidad de reconocer este derecho a fin de evitar juicios injustos y arbitrariedades sobre las personas implicadas (Galicia, 2019).

Esta medida es uno de los principios básicos y fundamentales, no solo del derecho penal moderno sino también del derecho constitucional, su objetivo principal es preservar la libertad, es decir, todas las personas deben ser tratadas como inocentes hasta que no se declare una sentencia firme por la autoridad competente y se le impute su culpabilidad o responsabilidad en la comisión de un delito. Se encuentra reconocido en convenios internacionales como: Pacto Internacional de Derechos Civiles y Políticos, Declaración Universal de los Derechos del Hombre, Convención Americana sobre Derechos Humanos, Convenio Europeo para la protección de los Derechos Humanos, Carta de Derechos Fundamentales de la Unión Europea, etc., y en nuestra Constitución (Galicia, 2019) que menciona en los siguientes artículos:

- El artículo 14.2. del Pacto Internacional de Derechos Civiles y Políticos (1976) establece que "toda persona acusada de un delito tiene derecho a que se presuma su inocencia mientras no se pruebe su culpabilidad conforme a la ley".
- El artículo 11 de la Declaración Universal de Derechos Humanos (1948) dispone en su párrafo primero que "toda persona acusada de un delito tiene derecho a que se presuma su inocencia mientras no se pruebe su culpabilidad, conforme a la ley y en juicio público en el que se le hayan asegurado todas las garantías necesarias para su defensa"

- La fracción I del apartado B del artículo 20 constitucional (1917) señala que toda persona imputada tiene derecho "a que se presuma su inocencia mientras no se declare su responsabilidad mediante sentencia emitida por el juez de la causa".
- El artículo 13 del Código Nacional de Procedimientos Penales (2014) establece que "Toda persona se presume inocente y será tratada como tal en todas las etapas del procedimiento, mientras no se declare su responsabilidad mediante sentencia emitida por el Órgano jurisdiccional".
- El artículo 6 del Código Procesal Penal de El Salvador (1996) dispone que "Toda persona a quien se impute un delito se presumirá inocente y

será tratada como tal en todo momento, mientras no se pruebe su culpabilidad conforme a la ley y en juicio oral y público, en el que se le aseguren todas las garantías necesarias para su defensa".

Gracias a esta medida se disminuye el riesgo de que personas inocentes sean privadas de su libertad y se convierte en un Derecho a la seguridad Jurídica de toda persona pues obliga a las autoridades a que las pruebas persigan la verdad y así se exige que solo los verdaderos culpables sean los condenados. La real Academia española define como culpable al: responsable civil o penalmente de algo, es decir la persona que causo o cometió el hecho por el hecho por el que se le acusa.

IV. VIOLACIÓN QUE HACE EL ESTADO DEL EL SALVADOR A LAS PERSONAS TATUADAS

De acuerdo a informes proporcionados a través de videos documentales de la página. Las Ultimas Horas (2022) comprendemos que uno de los rasgos distintivos de los grupos delictivos o pandillas del Salvador son los tatuajes que se hacen en alusión a su pertenencia a dicha organización. Sin embargo, no debería englobarse el significado de los tatuajes a este grupo o razón en específico pues durante los años se le ha ido dando conceptos diferentes, en la actualidad muchas personas se realizan los tatuajes para expresar aspectos de su vida, identidad o personalidad, para mejorar ciertos detalles estéticos o por simple deseo ante un hecho transcendente y memorable (Vargas, 2021).

Así sucedió con el caso del atleta olímpico Jonathan Francisco Henríquez Serrano, quien decidió tatuarse el nombre de su madre, Vilma, junto a una flor en su brazo. Nunca imaginó que ese gesto de homenaje sería el motivo por el cual se encuentra ahora enfrentando la posibilidad de cumplir una condena de 20 años en prisión por estar asociado a grupos delictivos. A pesar de las numerosas medallas y trofeos que ha ganado representando a su país, las autoridades no han considerado suficiente evidencia para demostrar que no tiene vínculos con pandillas (Navarro, 2022).

En un Reportaje de El País de España, se narra la historia de Eva, una residente de La Montreal, uno de los barrios afectados por la presencia de pandillas. Eva menciona que, aunque el temor a las pandillas ha disminuido, tanto la policía como el ejército en El Salvador tienen un poder absoluto y deciden arbitrariamente quién es arrestado según les caiga bien o mal. Eva menciona, "se han convertido en otra banda" (Democracia Abierta, 2022).

El 9 de diciembre de 2022, la organización defensora de los derechos humanos Tutela Legal, representada por María Juliana Hernández, presentó más de 23 casos que evidencian detenciones arbitrarias durante el régimen de excepción. Durante los 8 meses del régimen, ninguno de los casos recibió una respuesta efectiva y aquellos que sí fueron atendidos fueron declarados improcedentes. En septiembre, Tutela Legal y otras tres organizaciones denunciaron al Estado de El Salvador por la detención arbitraria de al menos 151 personas desde que se implementó la medida gubernamental excepcional (Democracia Abierta, 2022). Y en el transcurso de 2 años desde que empezó el régimen de excepción, que comprenden del 27 de marzo de 2022 al 15 de marzo de 2024 se dio a conocer mediante un informe elaborado por CRISTOSAL, el Servicio Social Pasionista (SSP), Azul Originario, el Instituto de Derechos Humanos de la Universidad Centroamericana (IDHUCA), la Red Salvadoreña de Defensoras de Derechos Humanos, la organización Amate y la Fundación de Estudios para la Aplicación de Derechos (FESPAD) el registro de 6.305 denuncias de violaciones a derechos humanos con 16.289 hechos o afectaciones. Los afectados en su mayoría son jóvenes de entre los 19 y 30 años, siendo un total de 3,293 casos, equivalentes al 52.23% del total de denuncias (Alfaro, 2024).

V. POLÍTICA DEL PRESIDENTE NAYIB BUKELE

La Asamblea Legislativa de El Salvador decretó Régimen de Excepción para todo el territorio salvadoreño al aprobar con 67 votos de un total de 84, el decreto legislativo número 3332. (BBC News Mundo, 2022).

El citado régimen fue decretado como consecuencia de la grave emergencia que se produjo en el país los días 25, 26 y 27 de marzo de 2022, a raíz del incremento de homicidios, que se generó después de que las pandillas hubiesen participado en una matanza, en la que dispararon indiscriminadamente a vendedores ambulantes, a pasajeros del transporte público y a los clientes del mercado, y que se considera el día más sangriento del que se tiene registro en el país desde el final de la guerra civil, hace ya 30 años, y que más ha afectado a la población. (Abi-Habib & Avelar, 2022).

Este decreto de régimen de excepción suspende "por el plazo de treinta días, a nivel nacional, los derechos y garantías constitucionales regulados en los artículos 7, 12, 13 y 24 de la constitución", mencionados a continuación:

- Suspende el derecho a la libertad de reunión y asociación
- Se cancela que el detenido sea informado de la razón de su aprehensión y el derecho a tener un abogado
- Ahora se permite que las autoridades intervengan correspondencia y comunicaciones sin tener una orden judicial.

- Se amplía la detención administrativa sin límite de tiempo (antes era de 72 horas) y autoriza a la Policía Nacional Civil a detener a cualquier persona que se considere sospechosa sin tener evidencia que respalde su aprehensión.

Sin embargo, el decreto no especifica cuáles son los derechos que se están limitando, por lo que no cumple con el requisito de proporcionalidad del régimen de excepción, y durante su aplicación se están restringiendo derechos que no están contemplados en las disposiciones constitucionales y son afectados por el decreto.

Organizaciones locales de derechos humanos y entidades internacionales, como Human Rights Watch, afirman que el régimen ha encarcelado arbitrariamente a personas sin vínculos con pandillas. Un informe de amnistía internacional de julio de 2022 encontró que el régimen de emergencia había violado los derechos humanos, por esta razón pidió al gobierno del presidente Bukele poner fin a la implementación de la medida de emergencia, aunque no tuvo éxito. (Delcid, 2023).

Durante el régimen, se han arrestado a personas con perfiles raciales vinculados a pandillas, así como a aquellos con tatuajes o señas de mareros, que es como se les conoce a los miembros de la Mara Salvatrucha. Además, la policía y otras autoridades han tomado medidas para intervenir en propiedades y eliminar grafitis, murales y otras señales relacionadas con pandillas, ya sea en casas, muros o incluso tumbas. (Milenio Digital, 2023) Por otro lado, también se realizaron muchas detenciones simplemente por la apariencia física o donde vivían las personas, e incluso por llamadas anónimas. Organizaciones de derechos humanos tanto nacionales como internacionales han registrado cientos de casos de personas detenidas sin ninguna conexión con las actividades abusivas de las pandillas. Entre los detenidos se encuentran líderes sindicales, ambientales y comunitarios, así como defensores de derechos humanos. (El Salvador, 2024).

CONCLUSIÓN

El gobierno ha creado un ambiente poco justo para algunos ciudadanos quienes se han visto afectados por el Régimen de excepción pues se han cometido violaciones a los derechos humanos entre las cuales podemos incluir: Número uno: Abuso de autoridad y detenciones arbitrarias a personas sin ningún tipo de nexo con las pandillas dejándose llevar por cuestiones personales, por su apariencia física o por su lugar de residencia que a su vez genera una discriminación social. Número 2:malos tratos en prisión que han cobrado la vida de al menos 240 personas encarceladas debido a la sobrepoblación por el aumento de aproximadamente 30.000 reos más de la capacidad oficial y por las condiciones deficientes de los centros penitenciarios que limitaron incluso servicios básicos e indispensables como la alimentación y el agua potable. Número 3, la libertad de expresión que ha ocasionado que nacionales no quieran regresar a su país ya que tienen miedo a ser detenidos por portar tatuajes en su cuerpo que en algún momento se realizaron para cubrir algo estético o como forma de desarrollar su identidad y contar su historia, y que por otro lado también nacionales tengan que huir del país para no sufrir acoso o detenciones arbitrarias durante el régimen de excepción como lo es el caso de los periodistas que por dar su opinión se les acusa de ser "Defensores de las pandillas", y por último; numero 4, la violación al debido proceso, pues en la mayoría de las detenciones no es respetado el principio de la presunción de inocencia, y de hecho se han dado casos como el que mencionamos en el presente artículo del atleta olímpico Jonathan Francisco Henríquez Serrano que están enfrentando procesos judiciales aun siendo inocentes, y que se les imputa el delito por el hecho de portar tatuajes los cuales a consideración de las autoridades, los hacen pertenecientes a pandillas o grupos delictivos y no toman en cuenta el historial de los detenidos, no llegan al fondo del asunto y dejan a un lado el que sean personas "ejemplares" o con principios.

No se demeritan los logros obtenidos por el régimen establecido, pues realmente han ayudado a mejorar la seguridad del país y han disminuido las olas de violencia que se presentaban, gracias a su aplicación las personas pueden salir libremente con sus hijos sin ninguna preocupación pues las colonias se volvieron más tranquilas, en el caso de los vendedores ambulantes o comerciantes no tienen que estar pagando el derecho de piso que miembros de las pandillas les cobraban, lo cual mejora su calidad de vida hasta cierto grado pues es un ingreso que ya no les están quitando, realmente estas personas que eran afectadas por estos grupos se sienten en paz y no dudan en apoyar y respaldar la llamada "guerra contra las pandillas". De igual manera se han reducido los delitos de homicidio y feminicidio, pues la policía nacional civil ha capturado gatilleros y sicarios que eran los encargados de asesinar a las personas. En resumen, se ha logrado recuperar la paz, la esperanza, la libertad de movimiento y el emprendimiento de actividades productivas.

Como recomendación ante los sucesos presentados, podría crearse un sistema para que las personas que tengan tatuajes, pasen por una inspección y proceso de revisión que les permita aclarar los motivos de sus tatuajes y así se deslinde su participación de ser miembros de las pandillas, para que puedan transitar y realizar sus actividades diarias libremente, sin que vivan con el temor de ser detenidos, una vez que se deslinde su no participación ante estos grupos delictivos que les sea otorgado un carnet o que deban realizar firmas periódicas para llevar un control y pueda estar más tranquila la población en ambos sentidos, pues con dicho documento se podría reducir el tema de las detenciones arbitrarias ya que las personas inocentes acudirían por voluntad propia a comprobar ante la autoridad que no son miembros de pandillas, y a su vez los que no lo soliciten dejarían en duda su inocencia y tendrían que enfrentarse a los resultados futuros de su detención por no portar el permiso.

REFERENCIAS

Abi-Habib, M., & Avelar, B. (2022, 27 marzo). *El Salvador vive uno de sus días más mortíferos en 30 años.* The New York Times. https://www.nytimes.com/es/2022/03/27/espanol/bukele-estado-emergencia.html

Albores Sánchez, M. G. (2023). *Arte pegado a la piel. Estereotipos y prejuicios en torno al tatuaje como constructo social.* Tesis inédita de licenciatura, Tuxtla Gutiérrez, Chiapas: Universidad de Ciencias y Arte de Chiapas.

Alfaro, X. (2024, 5 abril*). 6,305 violaciones a DD.HH. y 244 muertes a dos años del régimen de excepción.* elsalvador.com. https://www.elsalvador.com/noticias/nacional/regimen-de-excepcion-el-salvador-derechos-humanos-/1134205/2024/

BBC News Mundo. (2022, 27 marzo). *El Salvador: el Congreso decreta el régimen de excepción a pedido de Bukele por el incremento de homicidios.* https://www.bbc.com/mundo/noticias-america-latina-60890821

Briceño, G., V. (2021, 2 diciembre). *Estado de excepción | Qué es, características, causas, consecuencias, ejemplos.* Euston96. https://www.euston96.com/estado-de-excepcion/

Código Nacional de Procedimientos Penales., [CNPC]). 2014. *Diario Oficial de la Federación. Reformado.* https://www.diputados.gob.mx/LeyesBiblio/pdf/CNPP.pdf

Código Procesal Penal [CPP]. 1997. *Diario Oficial de la Federación.* https://www.asamblea.gob.sv/sites/default/files/documents/decretos/8FE9FD20-9D17-4966-87B4-1BCF4C97A301.pdf

Constitución Política de los Estados Unidos Mexicanos [Const.], *reformado, Fracción I del apartado B del artículo 20.* Diario Oficial de la Federación [D.O.],5 de febrero de 1917 (México).

Declaración Universal de Derechos Humanos. (10 de diciembre de 1948), file:///E:/PDF%20articulos/Declaracion%20Universal%20de%20DH.pdf

Delcid, M. (2023, 27 marzo). *¿Cómo ha cambiado El Salvador a un año de la implantación del polémico régimen de excepción de Bukele?* CNN. https://cnnespanol.cnn.com/2023/03/27/el-salvador-regimen-excepcion-ano-bukele-orix/

Democracia Abierta. (2022, 19 diciembre). *Nayib Bukele y su régimen de excepción violan sistemáticamente los derechos de los salvadoreños.* Open Democracy Free Thinking For The World. https://www.opendemocracy.net/es/nayib-bukele-regimen-excepcion-violan-derechos-salvador/

El Salvador. (2024, 11 enero). *Human Rights Watch*. https://www.hrw.org/es/world-report/2024/country-chapters/el-salvador

Galicia, A. P. (2019). *El origen de la presunción de inocencia. Un poco de historia –* Artículos Derecho Penal. https://articulos.abogadospenalistasgalicia.es/el-origen-de-la-presuncion-de-inocencia-un-poco-de-historia

Milenio Digital. (2023, 16 marzo). *¿En qué consiste el estado de excepción de El Salvador ante crisis por pandillas?* Milenio. https://www.milenio.com/internacional/en-que-consiste-el-estado-de-excepcion-de-el-salvador

Navarro, I. (2022, abril 29). T*atuajes, boleto para ir a la cárcel en El Salvador*. Milenio. https://www.milenio.com/politica/tatuajes-boleto-para-ir-a-la-carcel-en-el-salvador

Pacto Internacional de Derechos Civiles y Políticos. (23 de marzo de 1976), file:///E:/PDF%20articulos/pacto%20internacional%20de%20Derechos%20Civiles%20y%20Politicos.pdf

Redacción, C. (05 de 12 de 2022). *Ley Marcial: qué significa y qué países la aplicaron en su historia*. Tacuarí, Argentina.

Rodríguez, E. (2020, 27 enero). *Uso de tatuajes está protegido por derecho a la libertad de expresión: SCJN. El Contribuyente*. https://www.elcontribuyente.mx/2020/01/uso-de-tatuajes-esta-protegido-por-derecho-a-la-libertad-de-expresion-scjn/

Vargas, E. A. G. (2021, 13 marzo). *Las implicaciones del tatuaje en México. Gómez Vargas |* Insigne Visual - Revista del Colegio de Diseño Gráfico - BUAP. http://www.apps.buap.mx/ojs3/index.php/insigne/article/view/2230

@LasultimasHoras. (2022). *La mara salvatrucha ¿Quiénes son?* [Video que explica los orígenes de la organización, su cultura y rasgos que los distingue]. https://vm.tiktok.com/ZMrkJL199/

Capítulo 6

Efectos de las redes sociales (Facebook, Instagram y Tik Tok) en los estudiantes universitarios: caso DAMR

Dulce Cuj Martínez[1]* y José Luis Hernández Juárez[2]

Resumen

La evolución de las redes sociales ha transformado radicalmente la forma en que nos comunicamos. Antes de las redes sociales, la comunicación era principalmente unidireccional y limitada a los medios tradicionales. El objetivo fue explorar el uso de estas redes sociales como Instagram, Facebook y Tik Tok en el proceso de enseñanza y aprendizaje en estudiantes universitarios. Las redes sociales son una herramienta para la transformación educativa que permite un espacio de diálogo y propicia un aprendizaje y enriquecimiento mutuo entre docentes y estudiantes. Las redes pueden ser una herramienta metodológica para los docentes, porque alimentan su propia formación desde la práctica y participación en proyectos, además de ser un observador, seguidor y mediador de los trabajos de los alumnos. La evolución de las redes sociales es una revolución en marcha. A medida que las redes sociales continúan evolucionando, se pueden esperar más cambios e innovaciones que transformen la forma en que nos comunicamos y nos conectamos.

Palabras clave: nivel superior, rendimiento académico, redes sociales.

INTRODUCCIÓN

Las redes sociales como las conocemos hoy no surgieron de la nada, hubo una serie de etapas y desarrollos importantes que sentaron las bases para el auge de las

---

[1]* Autor de correspondencia: cujmartinezdulce@gmail.com, Universidad Juárez Autónoma de Tabasco/División Académica Multidisciplinaria de los Ríos, Tenosique, Tabasco, México.
[2] Universidad Juárez Autónoma de Tabasco/División Académica Multidisciplinaria de los Ríos, Tenosique, Tabasco, México.

mismas y una auténtica batalla por el poder que motivó numerosos avances tecnológicos. Entre ellos, EEUU creó la Advanced Research Projects Agency (ARPA), que una década más tarde asentó los pilares de lo que sería conocido como Internet, ya que su red ARPANET permitía el intercambio de información entre instituciones. Gracias a esto, con el paso del tiempo usuarios de diferentes partes del mundo empezaron a estar en contacto gracias a los correos electrónicos (siendo el primero enviado en 1971) o al Proyecto Gutenberg (biblioteca online gratis), en 1971 y posteriormente años más tarde en el año 1991 la red de Internet global se hizo pública con el World Wide Web (lo que, comúnmente conocemos como «www»), y así surgió Internet.

La evolución de las redes sociales ha transformado radicalmente la forma en que nos comunicamos. Antes de las redes sociales, la comunicación era principalmente unidireccional y limitada a los medios tradicionales.

La aparición de dichas redes sociales se remonta en el año 1997 cuando Andrew Weinreich creó la que podría considerarse la primera red social del mundo llamada 'SixDegrees', en la que se permitía crear perfiles, localizar a otros miembros de la red y crear listas de amigos. Esta red se basaba en la teoría de los seis grados de separación, que afirma que es posible conectar con cualquier otra persona del mundo en tan solo 6 pasos. En su mejor momento, el sitio llegó a tener 3.5 millones de miembros, pero cerró en 2001. Para entonces, la idea ya estaba en la mesa y comenzaron a surgir otras redes sociales como Friendster, MySpace, Orkut y hi5.

Se podría decir que estos fueron los sitios pioneros que impulsaron la creación de las plataformas que conocemos ahora como Facebook, Instagram y LinkedIn, tan populares en la actualidad.

Ante el panorama social que ha provocado la revolución digital de la Web y la expansión de numerosos tipos de redes sociales o comunidades virtuales, ha sido cada vez más notorio utilizar éstas de manera continua para informarse sobre noticias, participar en la compra y venta de diversos productos, recibir información, establecer contactos, jugar y ejecutar actividades de colaboración profesional, así como chatear y compartir aficiones diversas. De ahí que el entorno en donde nos desarrollamos haya cambiado radicalmente en la forma de comunicarnos y la educación no escapa de ello.

Las redes sociales son una excelente alternativa para crear espacios de conocimiento colectivo; sin embargo, la integración de las redes sociales y la comunicación en el proceso de enseñanza-aprendizaje puede crear espacios de interacción entre el conocimiento y estudiantes.

Sobre todo, han evolucionado a pasos enormes, dado que conecta a miles y millones de personas en todo el mundo y es hoy en día es parte fundamental en las actividades diarias de las personas que determina e influye en varios ámbitos de la vida cotidiana, como pueden ser sociales, culturales, laborales, políticos y, sobre todo, educativos. Es decir, constituye una fuente de recursos informáticos y de conocimientos que se comparten a escala mundial, lo cual juega un papel importante en la vida de las personas, pero, además, transforma la manera de prepararse profesionalmente.

Utilizar las redes sociales en el ámbito educativo brinda amplias posibilidades para la innovación, ya que pueden utilizarse como recursos metodológicos para tratar contenidos en forma amena, atractiva y actualizada. Asimismo, pueden ser espacios para que docentes y estudiantes interactúen con la información, y faciliten así el proceso de enseñanza-aprendizaje, lo cual brindará mayores posibilidades de alcanzar los objetivos deseados; pero sobre todo fomentará una cultura en el uso eficiente, ético y responsable de las redes sociales. En la educación nace como una necesidad derivada de la influencia que la tecnología tiene en todos los ámbitos de la vida, en especial en el laboral y educativo.

El acceso a la información de manera inmediata y accesible es un área de oportunidad para que los docentes cambien su rol de ser meros informantes a guías, facilitadores, asesores. Es necesario puntualizar que las redes sociales, no enseñan como tal, sino que se empleen como un medio donde la creatividad y la didáctica cobren un sentido amplio para incluirlas en el ámbito educativo, lo cual será generoso para los mismos estudiantes, posibilitando que se "reaprenda" el uso adecuado eficiente y ético; visualizando además los beneficios que una red social puede darles. De esta manera, los docentes se convierten en guías y facilitadores del conocimiento, pero además posibilitan que los estudiantes sientan un estímulo por el aprendizaje mediante la socialización. Asimismo, las redes sociales permiten conocer el perfil de los estudiantes y tratar los diferentes estilos de aprendizaje.

I. REDES SOCIALES

Las redes sociales se refieren a una interacción con otras personas y a compartir información unos con otro. Son plataformas de internet que se utilizan a nivel personal o empresarial para interactuar entre temas de intereses comunes, puesto que facilita compartir archivos multimedia, eventos, videos, historias, música por mencionar algunos contenidos, además que de igual manera facilita la edición, publicación y el intercambio de información. Hoy en día son una herramienta básica en comunicación y son utilizadas en diversos ámbitos de la vida.

Pueden clasificarse de la siguiente manera

1. Según su presentación:
    - Foros de internet
    - Blogs de personalidades y sociales

- Podcast
- Fotos y videos
2. Según su tipología
    - Horizontales: facilitan la interrelación general como Facebook, Google+
    - Verticales:
      Tipos de usuarios: dirigida a un público determinado que están interesados por un tipo de producto o servicio muy específico.
    - Actividades:
      Ocio: busca conectarse a usuarios con gustos parecidos.
      Mixtas: pueden unir los grupos anteriores.

Los sitios de redes sociales tienen una gran cantidad de contenido elaborado por cientos o millones de personas diferentes en todo el mundo, y actualmente el mayor uso que se les aplica es para el marketing.

De acuerdo a la configuración que selecciones en las redes sociales, puedes relacionarte con un grupo selecto de personas escogidas por ti mismo, o mantenerte en contacto con un grupo más amplio.

Para los profesionales en el marketing que están en la búsqueda de involucrar a los usuarios, las redes sociales vienen siendo un área objetivo para llevarlo a cabo.

En muy poco tiempo, las redes sociales se posicionaron como un fenómeno global muy útil en diferentes niveles. Lo positivo de todas estas plataformas y de lo qué son las redes sociales es que tienes acceso a muchísimas formas de comunicarte y de compartir información, siempre y cuando las utilices para un bien común.

II. INTENCION DE LAS REDES SOCIALES

Como puedes ver, las redes sociales se crearon para mantener a personas conectadas, para reencontrarse con viejos amigos o para conocer personas con intereses en común. Pero las cosas han ido cambiando y ahora estas plataformas se usan para otros propósitos, además de socializar, por lo que podríamos dividirlas en cuatro grandes categorías:
- **Redes sociales de relaciones:** estas son las más conocidas, las más utilizadas y las que se centran (al menos en su concepción) específicamente en eso, relaciones. Algunos ejemplos son Facebook, Instagram, Tik Tok, LinkedIn, Twitter, Google+, etc.
- **Redes sociales de entretenimiento:** el objetivo principal de estas es consumir contenido. YouTube es el más claro ejemplo de esto, ya que es la mayor plataforma de distribución de videos en el mundo. También está

Pinterest, en donde las personas publican y consumen imágenes con contenido muy variado, que va desde recetas, diseño de interiores, motivación; hasta fotografía y moda. Y, durante la pandemia, TikTok ganó muchos usuarios jóvenes, convirtiéndose en la red social favorita número 6 de todos los usuarios en el mundo.

- **Redes sociales profesionales:** en estas los usuarios se especializan en construir relaciones profesionales, presentar currículums, habilidades y conseguir empleos. LinkedIn es la más conocida y utilizada, aunque hay otras como Bebee, Bayt, Xing y Viadeo. Hoy en día, las redes son tan variadas y utilizadas que prácticamente podrías encontrar trabajo en cualquiera de ellas.

- **Redes sociales de nicho**: este es un grupo bastante amplio y son dirigidas a públicos específicos según su interés en ciertos temas. Algunas de las más conocidas son TripAdvisor, DeviantArt, Goodreads o Behance.

III. REDES SOCIALES INFLUYENTES EN JÓVENES

Un joven universitario procedente de la Universidad de Harvard creó la red social más importante, en la actualidad, del mundo: **Facebook**. Aquel joven estudiante es conocido como Mark Zuckerberg el cual creo un portal llamado **Facemash** cuya finalidad no era otra que la de poder conectar a los estudiantes de Harvard entre ellos, para disponer así de un lugar virtual donde compartir opiniones acerca de quiénes eran las personas **más y menos atractivas** de la Universidad; algo que llegó a la Dirección de la misma, generando la expulsión del estudiante. No obstante, su habilidad informática se dejó ver tan claramente con aquella aplicación, que poco duró en evolucionar y crecer a lo que es hoy en día; una red social que ya dispone de más de **2.958 millones de usuarios activos al mes**.

Facebook, ayuda a desarrollar destrezas en términos cognitivos, al estandarizar prácticas de divulgación que permiten disminuir las barreras de la publicación personal. Representa un espacio colaborativo, además de que ofrece una fuerte cantidad de recursos para ilustrar aplicaciones, proponer ejercicios de aplicación, optimizar la dinámica de la clase, entre otros, lo que brinda la posibilidad de conectar estudiantes entre sí en redes de aprendizaje.

Posteriormente llegó al mercado Instagram que sobresale como una red social en la cual fue más fotográfica por excelencia, con un éxito superior a otras opciones como Flickr. Fue creada por Kevin Systrom y Mike Krieger, y la particularidad con la que contó en sus inicios (que hoy en día se mantiene) es que trataba sus imágenes y fotografías de una forma cuadrada, en honor a la Kodak Instamatic así como a las cámaras Polaroid, contrastando con la relación de aspecto más vertical

[71]

con la que hoy en día cuentan la mayoría de las cámaras de los terminales móviles.

Además, fue una red pionera en la popularización de los hashtags, allá por enero de 2011, buscando facilitar a los usuarios el descubrir las fotografías que los demás usuarios compartían sobre un mismo tema, y que no podían llegar a visualizarse de otra manera.

Instagram alcanzó una gran popularidad en sus primeros meses de vida, llegando a tener más de 100 millones de usuarios activos en abril de 2012 (solo dos años después), y más de 300 en 2014. En nuestros días, aún sigue creciendo más y más –situándose en los 2.000 millones de usuarios activos-, sobre todo debido a que se trata de una red social enfocada a las nuevas generaciones, que tanto pecan de estar 24/7 mostrando a sus contactos qué están haciendo, en forma de fotografías colocadas en su Feed o en sus Stories (un formato que se define por hacer público contenido que desaparece a las 24 horas).

Por otro lado en el año 2016, conociéndose también como **Douyin** en China, es una red social con un gran tirón entre los adolescentes, y no tan adolescentes, a día de hoy.TikTok, que compró **Musically** en 2018, es una red social que **podría compararse con una mezcla entre Vine y Snapchat**, con la que se pueden crear compartir y descubrir vídeos muy breves, que van **desde los 15 segundos de duración hasta un máximo de 10 minutos**. Vídeos en los que los jóvenes usuarios pueden hacer prácticamente lo que sea y posteriormente editar con las potentes herramientas con las que cuenta la app.

El éxito arrollador de esta red social ha provocado que otras como Instagram o Facebook hayan adaptado algunas de sus dinámicas y funciones para tratar de replicarlo.

Por otra parte, aunque TikTok sea una de las redes del momento, esto no ha evitado que desatase polémica o que se topase con problemas. Y es que la plataforma ha sido **prohibida o restringida en varias naciones** debido a preocupaciones sobre motivos de seguridad y privacidad.

Efectos del exceso de las redes sociales en jóvenes.

Encontramos que las redes sociales pueden tener impactos positivos como negativos en la vida de los jóvenes. Por un lado, las redes sociales ofrecen oportunidades para la expresión personal y el desarrollo de habilidades digitales. Los jóvenes pueden utilizar estas plataformas para promover el activismo social, participar en debates y obtener información de forma rápida y sencilla.

Sin embargo, también se han identificado algunos efectos negativos del uso de las redes sociales entre los jóvenes. Estos incluyen una mayor exposición al acoso y al ciberacoso, la comparación social constante, la baja autoestima y problemas de salud mental como la ansiedad, depresión, estrés, fatiga y trastorno del sueño o

[72]

cansancio emocional. Además, el uso excesivo de las redes sociales puede ser adictivas y afectar negativamente el rendimiento académico. El alumno debe aprender a poner límites y utilizarlas de manera responsable, evitando caer en distracciones que puedan interferir con el aprendizaje

IV. USO DE LAS REDES SOCIALES EN MEXICO.

De acuerdo al estudio Digital 2024, el uso de redes sociales en México continúa creciendo, con 90 millones de usuarios accediendo a diversas plataformas. Aquí se resumen los puntos más destacados sobre el uso de redes sociales en nuestro país:

- Acceso a internet: El 83.2% de la población mexicana tiene acceso a internet, principalmente a través de dispositivos móviles.
- Usuarios de redes sociales: 70% de la población nacional accede a redes sociales, representando a 90.20 millones de personas.
- Disminución de usuarios: Hubo una disminución del 3.4% en el uso de redes sociales respecto al año anterior, con 3.8 millones de usuarios menos activos.
- Tiempo promedio en redes sociales: Los mexicanos invierten un promedio de 3 horas y 14 minutos diarios en redes sociales, siete minutos menos que el año pasado.
- Plataformas más utilizadas: Facebook: 93.2 %, WhatsApp: 92.2 %, Instagram: 80.4 %, Facebook Messenger: 79.9 % y TikTok: 76.5 %
- Plataformas menos populares: X/Twitter: 53.6 %, Telegram: 49.6 %, Pinterest: 43.9 %, Snapchat: 26.4 % y LinkedIn: 21.9 %
- Preferencias de los usuarios: Facebook es la red social favorita con un 30.1% de preferencia, seguida de WhatsApp (26.7%), TikTok (18%), e Instagram (13.5%).
- Perfil demográfico: El grupo mayoritario en redes sociales son hombres y mujeres de 25 a 34 años. La audiencia menor está compuesta por personas mayores de 65 años.
- Razones para usar redes sociales: Los mexicanos utilizan redes sociales principalmente para mantenerse en contacto con amigos y familiares (60.3%), leer noticias (44.9%), y disfrutar del tiempo libre (43.7%).
- Tiempo en plataformas específicas: TikTok: 45 horas y 1 minuto al mes, Facebook: 23 horas y 38 minutos al mes, YouTube: 21 horas y 4 minutos al mes, WhatsApp: 17 horas y 1 minuto al mes e Instagram: 10 horas y 23 minutos al mes.

Estos datos reflejan un panorama optimista para el social media en México, impulsando el poder de los influencers y la confianza de las marcas en agencias de marketing digital para ampliar su alcance.

V. REDES SOCIALES COMO HERRAMIENTAS EDUCATIVAS

Para que las redes puedan convertirse en parte de la transformación educativa, es importante resaltar que el docente tiene un papel significativo, puesto que participa en el proceso de generar conocimientos junto con el estudiante de forma construida y compartida; a partir de esto, se entiende que los procesos centrales del aprendizaje son la organización y comprensión del material informativo, ya que el aprendizaje es el resultado de la interpretación.

Respecto al papel del estudiante en las redes sociales, y al ser éste quien representa el eje central del proceso de enseñanza-aprendizaje, es necesario que desarrolle conocimientos ligados a la posibilidad de acceder a las fuentes de información soportadas por tecnologías y que, además, muestre competencias tecnológicas que le permitan consumir, usar y producir más información.

Los estudiantes en el contexto de las redes sociales requieren desarrollar habilidades como el encontrar, asimilar, interpretar y reproducir información, por lo que es necesario que ellos reconozcan sus estilos de aprendizaje, puesto que cada uno tiene un modo distinto de percibir y procesar. Lo anterior implica que, dependiendo del contexto y tipo de información, el estudiante combine sus estilos de aprendizaje particulares: visual, auditivo o kinestésico, según su canal de percepción, o teóricos, pragmáticos, reflexivos, activos, a partir de la interiorización que efectúen en una etapa específica. Se podría decir que algunas de las ventajas que ofrecen las redes sociales son:

- **Interacción y colaboración**: Ofrecen a los estudiantes y docentes la oportunidad de interactuar y colaborar de manera más dinámica. Pueden participar en debates, compartir ideas, hacer preguntas y recibir retroalimentación de forma rápida y sencilla. Esto fomenta un ambiente de aprendizaje interactivo y enriquecedor.
- **Acceso a recursos educativos**: Los canales sociales permiten también el acceso a una gran cantidad de recursos educativos. Los estudiantes pueden encontrar materiales complementarios, como videos, artículos y tutoriales, que les ayuden a comprender mejor los temas que están estudiando. Además, los educadores pueden compartir recursos con sus alumnos, proporcionando un enfoque más enriquecedor para el aprendizaje.
- **Promoción de la creatividad**: Los estudiantes cuentan, con las redes sociales, con una plataforma para expresar su creatividad. Pueden compartir proyectos, presentaciones, trabajos artísticos y escritos, lo que les permite

recibir comentarios y apreciación de sus compañeros y profesores. Esto fomenta la motivación y la confianza en sí mismos, además de promover la creatividad y el pensamiento crítico.

- **Conexión con expertos y profesionales**: Las redes sociales permiten que los estudiantes se conecten con expertos y profesionales en diferentes campos. Pueden seguir a personas influyentes, participar en debates y obtener perspectivas valiosas sobre temas específicos. Esto amplía su red de contactos y les brinda la oportunidad de aprender de aquellos que tienen experiencia en el campo que están estudiando.

Por otra parte, además de la creación de grupos en la plataforma de **Facebook** permite al docente incluir y agrupar en un mismo sitio una serie de aplicaciones educativas como:

- NetworkedBlogs:
- Mathematical Formulas
- SlideShare
- Voxy
- GoodReads GoodReads
- YouTube Chanel
- Flickr
- Linqto
- Booshaka
- Clobby
- Polls of Facebook
- Microsoft Docs
- Zoho Online Office
- Pinterest

El contenido que cada día la alimenta tiene un potencial tan grande que, si lo usamos bien, podemos utilizar de forma educativa tal como Tik Tok dado que es una red que tiene como fin la generación de videos diferente tipo de contenido que van de **3 hasta 60 segundos**, los usuarios de esta red social son niños y jóvenes de 16 a 24 años -quienes representan el 41% de sus usuarios-, un público adecuado para los docentes que han decidido mantenerse actualizados en medios digitales. El verdadero reto es comunicar un mensaje conciso y entretenido en un lapso tan corto.

El feed de TikTok y de todas las redes sociales no muestra sugerencias al azar. El algoritmo lo construye a partir de los *likes* **de cada individuo**. El secreto de biólogos, divulgadores científicos, historiadores, matemáticos y otros profesionales es adaptar sus contenidos para que encajen con las tendencias. Los beneficios que se pueden adquirir con esta red son:

- **Atención**: Al ser un tiempo máximo de 60 segundos, permite que el usuario mantenga su atención en el video.
- **Variedad de elementos comunicativos**: Se puede manejar voz, imágenes, videos, textos, animaciones y música, lo que permite mayor creatividad en el contenido.
- **Conexión de comunidad**: Es una plataforma que conecta a personas de diferentes edades, culturas e intereses.
- **Adaptación**: Se mantiene en constante actualización para las necesidades del usuario.
- **Bucle**: Permite ver el video las veces que sean necesarios, hasta que el usuario decida cambiarlo.

Las redes sociales han pasado a formar parte del día a día de muchos jóvenes (y no tan jóvenes): su utilidad se extiende mucho más allá de los fines sociales, pues pueden ser un recurso educativo de gran calidad. Entre las múltiples posibilidades que aporta aplicar **Instagram** al terreno educativo, pueden encontrarse propuestas como la creación de blogs; iniciar una redacción a partir de una foto propia o enseñar geografía con Cartagram, una web que superpone las fotos presentes en esta red social sobre mapas interactivos. La popularidad de esta red social hace que, con el proyecto adecuado, pueda emplearse con éxito como recurso educativo para distintas materias.

Instagram ofrece muchas posibilidades para los usuarios que buscan contenidos educativos dado que es una herramienta más que nada útil para los profesores con múltiples posibilidades didácticas en las que se aúna el trabajo cooperativo, el trabajo fuera y dentro del aula, la transmisión y recopilación de información y la socialización globalizada.

Precauciones

A pesar de ofrecer estas ventajas, debemos ser conscientes de que, como cualquier otra herramienta digital, solamente **nos beneficia si hacemos un buen uso de ella**. A continuación te mencionamos varios aspectos que hay que tener en cuenta:

1. **Privacidad y seguridad**: Es importante que los educadores y estudiantes sean conscientes de los riesgos asociados con el uso de las redes sociales. La información personal y académica compartida en línea puede estar expuesta a amenazas de seguridad y violaciones de privacidad. Se deben establecer medidas de seguridad adecuadas y educar a los estudiantes sobre cómo proteger su información personal.
2. **Ciberacoso**: Si bien las redes sociales ayudan a la colaboración y la interacción, esto también puede hacer que se conviertan en una plataforma para el ciberacoso. Para evitar este tipo de conductas, es imprescindible que

los centros educativos pongan el foco en prevenir el bullying mediante educación socioemocional y en detectar conductas inadecuadas.

3. **Veracidad de la información**: En las redes sociales, puede ser difícil determinar la veracidad de la información compartida. Los alumnos deben ser conscientes de la necesidad de verificar y contrastar la información antes de aceptarla como válida. Los docentes también deben enseñar a los estudiantes habilidades para que puedan discernir entre información real y fake news.

4. **Uso excesivo y distracciones**: Las redes sociales pueden ser adictivas y terminar en un uso excesivo, lo que puede afectar negativamente el rendimiento académico. El alumnado debe aprender a establecer límites y a utilizarlas de manera responsable, evitando caer en distracciones que puedan interferir con su aprendizaje.

5. **Brecha digital**: Aunque el acceso a las redes sociales es cada vez más común, todavía existen brechas digitales que pueden dejar a algunos estudiantes en desventaja.

En definitiva, el uso de redes sociales en educación puede ser beneficioso siempre y cuando se tomen en cuenta las precauciones adecuadas y se integren de la forma efectiva en el entorno educativo.

CONCLUSIONES

Las redes sociales pueden convertirse en una estrategia de aprendizaje, entendida como el conjunto de operaciones, pasos, planes, rutinas que usan los estudiantes para facilitar la obtención, almacenamiento, recuperación y uso de información al aprender.

Por lo anterior, las redes se convertirán en una transformación educativa que permitiría un espacio de diálogo y propiciaría un aprendizaje y enriquecimiento mutuo entre docentes y estudiantes; es decir, un sitio donde la interacción, individualidad y multiculturalidad se respeten y, al mismo tiempo, enriquezcan el aprendizaje colaborativo y fomenten la metacognición de los actores con actividades que conlleven a la autoevaluación o reflexión sobre el trabajo realizado.

Las redes pueden ser una herramienta metodológica para los docentes, porque alimentan su propia formación desde la práctica y participación en proyectos, además de ser un observador, seguidor y mediador de los trabajos de los alumnos.

La evolución de las redes sociales es una revolución en marcha. A medida que las redes sociales continúan evolucionando, podemos esperar ver más cambios e innovaciones que transformarán la forma en que nos comunicamos y nos conectamos.

REFERENCIAS

Herrera, O. (2015). Biblioteca "Dr Villareal Perez". Xochimilco. Obtenido de Dinamica Biblioteca 2.0: https://biblioteca.xoc.uam.mx/gaceta/anteriores/15_2/web/1.html

Herrera.O. (2015). dinamica Biblioteca 2.0. Obtenido de Biblioteca •Dr. Villareal Perez•:

https://biblioteca.xoc.uam.mx/gaceta/anteriores/15_2/html

Jorge, R. (2024). ¿Qué son las redes sociales? Nettwork Bussines School
https://neetwork.com/que-son-las-redes-sociales/

(2021, 21 de Diciembre). La diferencia entre las redes que necesitas saber. Sabio Marketing 360.
https://sabiomarketing.com.ar/diferencias-entre-las-redes-sociales-juntos-analizamos-facebook-instagram-y-tiktok/

Casimiro Urcos, Walther Hernán, Ramos Ticlla, Fidel, Casimiro Urcos, Javier Francisco, Casimiro Urcos, Consuelo Nora, & Zea Montesinos, Cesar Cipriano. (2022, 30 de Agosto). Uso de las redes sociales virtuales por estudiantes universitarios en tiempos de covid-19. Revista Universidad y Sociedad. http://scielo.sld.cu/scielo.php?script=sci_arttext&pid=S2218-36202022000400363&lng=es&tlng=es

Universidad de Montemorelos. (2023, 30 de Junio). ¿Como surgieron las redes sociales?
https://conectate.um.edu.mx/articulo/como-surgieron-las-redes-sociales#:~:text=La%20historia%20de%20las%20redes,y%20crear%20listas%20de%20amigos.

Linde Branding (2023, 4 de Febrero). Las redes sociales y su influencia en la actualidad.
https://www.linebranding.com/las-redes-sociales-y-su-influencia-en-la-actualidad/#:~:text=Actualmente%20las%20redes%20sociales%20se,e%20incluso%20en%20temas%20pol%C3%ADticos

Marketing Ecommerce (2024, 10 de Junio). Historia de las redes sociales: como nacieron y cuál fue su evolución.
https://marketing4ecommerce.mx/historia-de-las-redes-sociales-evolucion/

Claudia, I. (2011). Uso de las redes sociales como estrategia de aprendizaje. ¿Transformación Educativa?
http://www.udgvirtual.udg.mx/apertura//index.php/apertura/article/view/198/213#:~:text=Las%20redes%20sociales%20se%20han,se%20sujeta%20a%20cambios%20continuos.

Capítulo 7

El acto omiso del gobierno mexicano respecto de la conservación y protección de "Wanha"

Ninfa del Rosario Zetina García[1]*, José Adolfo Pérez de la Rosa[2] y Erika Guadalupe Ceballos Falcón[3]

Resumen

La Reserva de la Biosfera Wanha, comprende el territorio que nace desde el Petén, Guatemala-México, dentro de su superficie mexicana se encuentra el municipio de Balancán de Domínguez y Tenosique de Pino Suárez, alberga un manglar único en el mundo y en su especie, coexiste una gran biodiversidad, territorialmente tiene un área de 30, 255 hectáreas de la Región Ríos, así mismo el Río de las Codornices como se denomina en su origen maya Wan Codorniz, Ha agua o río, existe un sistema hidrológico, donde conviven cuerpos de agua como cascadas, humedales, lagunas, ríos, esto lo convierte en un lugar de importante cuidado, preservación y conservación, es hogar de más de 892 especies, con un alta diversidad de aves acuáticas, los sitios más emblemáticos de las reserva son conocidos como el Santuario de las Garzas y la laguna la Ensenada Grande, es importante prever los desastres ecológicos que se van a ir presentando, ya que si no se frena ya sea de manera gradual o permanente el daño biológico que pudiera causar la actividad humana podría causar un cambio irreparable para la flora y fauna silvestre de dicha demarcación territorial, las principales actividades que afectan al poblado la Palma son: ganadería, basurero a cielo abierto, incendios forestales provocados por agricultores de la zona, estos focos de contaminación y actividades abrasivas para el medio ambiente se pueden disminuir o eliminar aplicando una política pública ambiental que se enfoque en los elementos de necesidad del área, previamente aplicando un sistema de evaluación para poder construir un desarrollo sustentable acorde a las necesidades del ambiente y de la sociedad, para así poder encaminar al pueblo de la Palma a convivir de manera respetuosa con la

[1]* Autor de correspondencia: ninfadelrosarioz96@icloud.com, Universidad Juárez Autónoma de Tabasco, División Académica Multidisciplinaria de los Ríos, Tenosique, Tabasco, México.

[2] adolfo.perez@ujat.mx, https://orcid.org/0000-0002-2226-4280, Universidad Juárez Autónoma de Tabasco, División Académica Multidisciplinaria de los Ríos, Tenosique, Tabasco, México.

[3] erika.ceballos@ujat.mx, Universidad Juárez Autónoma de Tabasco, División Académica Multidisciplinaria de los Ríos, Tenosique, Tabasco, México.

naturaleza y aprovechar de manera eficiente los recursos naturales; es nuestra obligación aprovechar de manera sustentable los recursos.

Palabras clave: medio ambiente, preservación, conducta social.

INTRODUCCIÓN

"Consumimos como si no hubiera un mañana. A este ritmo necesitaremos tres planetas para abastecernos" (Unidas, 2024)

En este texto se analiza la problemática que existe en el territorio que comprende Tenosique de Pino Suárez y Balancán de Domínguez, que el 31 de agosto fue declarada área natural protegida, demarca una extensión territorial de 30, 255 hectáreas, debido a que en este ecosistema sobreviven los mangles más adentro de la selva, los mangles son bosques que marcan la transición entre el mar y la tierra, es un ecosistema abierto con flujo de energía constante, otra característica de los mangles es que constituye un sistema boscoso, poseen una increíble capacidad de adaptación al ambiente y juegan un papel importante en su habitad ya que son refugio para una biodiversidad de animales, tanto para peces, flora y fauna silvestre.

La capacidad de adaptaciones que sufre esta planta, tanto fisiológicas, como morfológicas, le permiten vivir en condiciones extremas, los manglares conforman grandes extensiones de bosques costeros localizados en zonas tropicales, estos se dispersaron por la cuenca del río San Pedro Mártir hace 125 mil años, la principal población de mangle rojo se encuentra en las Cascadas de Reforma, la planta llego hasta allí porque en la era interglaciar, los casquetes polares se derritieron lo que resulto en el aumento sobre el nivel del mar, durante este periodo el mar cubrió toda la delimitación de zonas bajas de Tabasco, (Español, 2022).

El de vital importancia el analizar y reflexionar, que si no cambiamos de manera permanente nuestros hábitos los polos podrían derretirse, lo que provocaría un aumento sobre el nivel del mar y el agua regresaría a las tierras que antes le pertenecieron, (Burelo Ramos, Carlos Manuel; National, Geografic en Español; 2022), el daño que podría sufrirse es alto, en todo el mundo se van a presentar las afectaciones, al punto de que desparezcan ciudades enteras, entonces estaríamos en un riesgo crítico. (Ceballos Mejia & Morales Garcia).

En el centro integrador la Palma, Tenosique, Tabasco persisten focos que han contribuido a la desforestación y contaminación de "Wanha", la ganadería es el principal razón por la que se ha desertificado la selva Tabasqueña, particularmente el plan Balancán-Tenosique, en los años 70 implemento el programa "Arrocero" fue una política pública de modernización productiva que influyo en el uso actual de la tierra, con el objetivo de destinarla a actividades agrícolas para abastecer toda la república convirtiendo la selva en zonas de producción de granos, para pastoreo de ganado vacuno, en esta zona se desmonto cerca de 200 mil hectáreas de selva tropical, siendo esto uno de los peores ecocidios sufridos en el estado, la orientación muchas veces es heredada hacia este mercado, además la tala de árboles maderables, la agricultura, los incendios (que muchas de las veces son provocados por agricultores de la zona).

La producción agrícola en el territorio tabasqueño, solo se puede aprovechar por lapsos limitados, los campesinos aprovechan a quemar en tiempo de seca, sembrar y explotar la oportunidad de las lluvias que se presentan en verano, así mismo trataremos, sobre temas como los basureros a cielo abierto, que se encuentran, de hecho en la mayoría de los municipios del territorio nacional y existen en el 81% del país, se externa que los desechos sólidos contaminan el cuerpo fluvial de la reserva y el no tratamiento de aguas negras afecta de manera desmedida el río y de los diferentes actos omisos cometidos por las autoridades competentes en materia de cuidado y protección al medio ambiente. (Isaac-Márquez, 2005).

También se realizará un recorrido por el cuerpo jurídico en materia ambiental, expresando cada una de las leyes que el gobierno no aplica en esta reserva, como lo es principalmente, el artículo 4° de la Constitución Política de los Estados Unidos Mexicanos que dice "que toda persona tiene derecho a un medio ambiente sano para su desarrollo y bienestar", el artículo 73, fracción XXIX – G, "que se refiere a la facultad que tiene el congreso para expedir leyes en materia de protección al medio ambiente, se mencionaran algunos preceptos de la Ley General de Vida Silvestre, principalmente se alude sobre el reglamento de la Ley General de Equilibrio Ecológico y la Protección al Medio Ambiente, El Reglamento de la Ley Genera de Equilibrio Ecológico y la Protección al Ambiente en Materia de Áreas Naturales Protegidas, además se incluye el Convenio de Ramsar, (por los humedales que se encuentran dentro de la demarcación territorial de la reserva).

PLANTEAMIENTO DEL PROBLEMA

Se analiza la problemática que existe en el poblado La Palma, Tenosique de Pino Suárez, Tabasco, México, ya que el pasado 9 de septiembre del año 2023, está extensión territorial se integró a un Área Natural Protegida con carácter de Reserva de la Biosfera Wanha', la civilización antigua maya llamaba al Río San Pedro Mártir, Wanha' que significa, Wan codorniz y Ha agua o río, el vocablo quiere decir "Río de las Codornices", nombre prehispánico como los mayas denominaban al cuerpo fluvial, la reserva se extiende dentro de una demarcación de 38,255 - 64-17.76 hectáreas (Protegidas, 2023).

En estas tierras se sufren actos omisos del gobierno mexicano respecto de la protección y conservación de Wanha:

- Basurero a cielo abierto
- Tratamiento de aguas negras
- Incendios Forestales
- El nulo apoyo por parte de las autoridades para alentar al cambio de uso de suelo por otra actividad que no desertifique la selva (la ganadería).

En el poblado la Palma a 700 metros hay un basurero a cielo abierto, el pueblo no cuenta con un sistema de alcantarillado y tampoco con tratamiento de aguas negras, se externará puntualmente los hechos que han contribuido a la desforestación y contaminación de "Wanha", siendo la ganadería la principal actividad económica por la que se ha desertificado la selva.

Particularmente el plan Balancán-Tenosique, en los años 70 implemento el programa "Arrocero en la sabana de Balancán", fue una política pública de modernización productiva que influyo en el uso actual de la tierra, con el objetivo de destinarla a actividades agrícolas para abastecer toda la república convirtiendo la selva en zonas de producción de granos, que después se usaron para pastoreo de ganado vacuno, en esta zona se desmonto cerca de 200 mil hectáreas de selva tropical, la política pública mencionada anteriormente constituye al peor ecocidio sufrido en el estado de Tabasco. (Isaac-Márquez, De Jong, Eastmond, & Ochoa-Gaona, Hernández, 2005)

Conforme al artículo 44 de la Ley General de Equilibrio Ecológico y la Protección al Medio Ambiente (LGEEPA) las Áreas Naturales Protegidas, son zonas del territorio nacional y se ejerce soberanía y jurisdicción en las que los ambientes originarios no han sido alterados de manera significativa por las actividades del ser humano o que su ecosistema funcionan integralmente, la comisión Nacional de Áreas Naturales Protegidas (CONANP) es un organismo desconcentrado de la SEMARNAT, es la que tiene la facultad de preservar ecosistemas y ambientes naturales que protegen la biodiversidad de ecosistemas en la República Mexicana.

Actualmente en México se tienen 226 Áreas Naturales Protegidas de carácter federal con una superficie de 93,807,804 hectáreas (CONANP, 2024), en Tabasco se cuenta con 18 instrumentos de conservación, 11 ANP de competencia estatal que comprende un territorio de 39,444.38 hectáreas que son administradas por la Secretaria de Bienestar, Sustentabilidad y Cambio Climático; 03 ANP son de competencia federal y ocupan 387,090.13 hectáreas del territorio estatal administrados por la Comisión Nacional de Áreas Naturales Protegidas, (Climático, 2022) en la región de los ríos actualmente contamos con dos ANP, el Área de Protección de flora y fauna Cañón del Usumacinta y la Reserva de la Biosfera Wanha'.

Un importante referente del sustento legal de las reservas es la Conferencia de las Naciones Unidas sobre el Medio Ambiente y Desarrollo, conocida regularmente como "Cumbre de la Tierra", firmada en 1992 en la ciudad de Río de Janeiro, Brasil, de la Convención deriva el Convenio de la Diversidad Biológica. (Unidas, 1999)

Las reservas de la biosfera son aquellas áreas biogeográficas relevantes a nivel nacional, representativas de uno o más ecosistemas no alterados significativamente por la acción del ser humano o que requieran ser preservados y restaurados, en los cuales habiten especies representativas de la biodiversidad nacional, incluyendo a las consideradas endémicas, amenazadas o en peligro de extinción. (Art. 48 de la LGEEPA).

Conforme al artículo de National Geografic en español, Reserva de la Biosfera Wanha es un impresionante Área Natural Protegida que alberga a un manglar único en todo el mundo y que ha llamado la atención de científicos de varios países, este ecosistema está en un riesgo crítico y deber ser tratado con suma importancia por los organismos que tienen la obligación y facultad de crear leyes para la protección del medio ambiente, esta región selvática está rodeada por cuerpos de agua y llena de graznidos y cantos de aves, la selva florece en las limitaciones del municipio de Balancán y Tenosique, destaca por sus cascadas, humedales, lagunas, ríos, en el habita un manglar único en el mundo exactamente en la cuenca del Río San Pedro, mismo que nace en Petén Guatemala, este cuerpo de agua comprende el corredor más grande de selva tropical de la república mexicana. (Erica Montejo, 2023)

La República Mexicana goza de una gran topografía rica en relieves y ecosistemas que son de gran importancia para la vida misma, favorecen el desarrollo de un gran número de cuerpos de agua dentro de su territorio, cuenta con una red hidrográfica, entre ellos numerosos ríos, riachuelos, y arroyos permanentes o intermitentes, que albergan una gran biodiversidad de diferentes ecosistemas, flora y fauna silvestre, diversificada en especies endémicas de la región, por lo mencionado con anterioridad se puede hacer un énfasis en la importancia de los sistemas acuáticos ya que desempeñan un papel fundamental desde el punto de vista ecológico; es de severa importancia atender todos los problemas ambientales en la esfera que pudieran afectar a dicho ecosistema, para así garantizar la conservación y protección que alberga esta hermosa rivera del Río San Pedro Mártir.

Este cuerpo fluvial es considerado uno de los más limpios de toda la república mexicana y está dentro de la lista de los principales ríos del estado de Tabasco, nace desde el noroeste en las selvas tropicales, en el Petén, Guatemala, hasta su desembocadura en el municipio de Balancán, es importante que esta diversidad silvestre sea cuidada y protegida por las autoridades a las que se les confiere la obligación, porque en ella se albergan más de 800 especies de flora y fauna silvestre, y conjuntamente sobreviven sitios como el Santuario de las Garzas y la Laguna Ensenada Grande, cohabitan poblaciones de peces como el robalo y el sábalo, dichas especies son aprovechadas por la comunidad tenosiquense, ya que a nivel local cada año se celebra el "Torneo Internacional de Pesca Deportiva La Palma", esto provoca una derrama económica, que sirve de aprovechamiento para la colectividad.

El río además sirve de aprovechamiento sustentable por algunos turistas locales, ya que llegan a practicar actividades de ecoturismo, realizan avistamiento de flora y fauna silvestre, así como el turismo de aventura: campismo, senderismo, descenso de ríos, kayakismo, y pesca recreativa, con esto se puede crear una fuente de empleo para la comunidad del Poblado La Palma, en Tenosique, y desarrollar un aprovechamiento sustentable de los recursos naturales para que no se degrade el ecosistema, sobre todo se debe apuntar en dejar atrás las practicas económicas referentes al uso del suelo en la ganadería y agricultura.

Figura 1. *Rhizophora mangle* del Área Natural Protegida "Wanha"
Nota. Imagen obtenida de la revista National Geografic en Español (GEOGRAFIC, 2022)

Estamos viviendo una era en la que nos encontramos en un estado crítico, (hablando de educación ambiental), además el cambio climático ya no está lejos como lo veíamos hace varias décadas, es algo que ya se encuentra presente en nuestra vida diaria, gracias a que no convivimos de una manera respetuosa con la naturaleza, estamos en un grave riesgo que los niveles del mar asciendan, en consecuencia del cambio climático que generamos día con día los seres humanos, y este es un problema de derecho ambiental que debe prever el gobierno mexicano ya que como Estado ha firmado un conjunto de Tratados Internacionales que hablan del cuidado y protección del medio ambiente, entonces nos situamos frente a pasos concatenados de actos de omisión por parte del estado, donde se ignoran las prerrogativas presentes en el cuerpo jurídico tanto internacional, como local, además de que se debe garantizar el derecho a un medio ambiente sano como se pregona artículo 4° de nuestra Carta Magna.

ELEMENTOS CRÍTICOS DE CONTAMINACIÓN Y DEGRADACIÓN DE LA RESERVA

Hay que lograr que los tres niveles de gobierno, organismos sociales, y población, trabajen en conjunto para que, de manera dinámica, este cuerpo de agua dulce recupere la salud en su totalidad, implementando programas de restauración de zonas con graves desequilibrios ecológicos:

- En la zona de humedales existe un **basurero a cielo abierto**, a escasos 700 metros del poblado la Palma, el Municipio tiene la obligación de prevenir y reducir los residuos sólidos, también es el que debe dirigir las operaciones de limpia y disposición final de residuos municipales en rellenos sanitarios, (por doquier puedes encontrar los tiraderos a cielo abierto), por lo tanto si lo vemos desde una perspectiva ambiental y de salud pública, el tratamiento de los residuos, solidos es de vital importancia para la restauración de los elementos naturales de un ecosistema. El ser humano debe cohabitar de manera sustentable con la naturaleza, tiene una relevancia fundamental, de ahí que, al no tratar adecuadamente los desechos sólidos, se causen efectos secundarios negativos como: contaminar la reserva, los suelos, en especial los humedales que al final son conexión hidrográfica con el rio y por lo tanto también contaminan el río, el deterioro del paisaje se convierte en un foco amenazador de la salud pública del poblado y de comunidades circundantes, ya que muchos pueblos dependen del agua potable que se extrae de este río.
- Es necesario que se implemente un **tratamiento de aguas negras y un sistema de alcantarillado**, para poder satisfacer las necesidades de la población, las aguas residuales de origen urbano deben recibir tratamiento previo a su descarga en la cuenca, la participación coactiva de la sociedad es imprescindible para la prevención y control de la contaminación del agua.
- Cabe señalar que el gobierno tiene que aplicar acciones contundentes en contra de algunas actividades que realiza el hombre rutinariamente que afectan gravemente al sistema ecológico, como lo son **los incendios fo-**

restales iniciados principalmente por agricultores que habitan en la zona, hay implementando programas de educación para que estos sectores de población trabajadores aprendan a aprovechar las tierras de manera sustentable sin atentar a los recursos naturales.

- **La ganadería** es la actividad económica principal en el estado de Tabasco, la práctica de la misma que ha contribuido a la destrucción y devastación de las selvas húmedas de lo que un día fue la Esmeralda de Sur, llamada así por la vegetación que la arropaba; la ganadería la principal fuente amenazadora de la fauna silvestre, hay que mencionar el ecocidio que se aconteció en el Plan Balancán-Tenosique, lo vivió un botánico de la Universidad Juárez Autónoma de Tabasco, el doctor Carlos Manuel Burelo Ramos, dicho proyecto fallido, pretendía convertir a la selva en zonas de producción de granos para así abastecer el país, la base del proyecto era la idea errónea de la alta fertilidad que subsistía en estas tierras, sin tener en conocimiento que la gran riqueza se debía a la presencia de la conectividad que existía de los árboles, y de los restos vegetales que caen y se descomponen liberan nutrientes que son absorbidos por sus raíces, el proyecto comprendió la devastación (desmonte) de 200 mil hectáreas de selva tropical.

El hecho es que al devastar el suelo y provocar la desforestación del trópico se rompe el ciclo de vida, que cohabitaba, no hay caída de nutrientes y no queda casi nada para el subsuelo, de los árboles provienen los nutrientes y elementos químicos por lo que la agricultura en estas tierras es de aprovechamiento solo por lapsos de tiempos cortos, esto nos deja como resultado un plano llano de desertificación y desforestación, lo que con lleva a que la descarga de los agroquímicos en los cuerpos fluviales sea de manera directa. (Geografic, <<Un mundo perdido>>: por qué la agricultura y la ganadería están devastando los manglares de Tabasco, en México, 2022)

En contraste con lo que sucedió en la naturaleza pantanosa, de las riberas del río San Pedro Mártir ya que se salvaron gracias a los equipos de desmonte que incluye unas comunidades de mangle rojo el Dr. Burelo analizaba de joven. Años más tarde el enigma prevaleció: Rhizophora mangle árbol que vive a las faldas de las costas y se dispersa por las corrientes oceánicas.

Es fascinante en la manera que llego el mangle rojo a la cuenca del río San Pedro, ya que está ubicado en la periferia de la selva de la Cuenca del Petén, a 120-175 kilómetros en línea recta del golfo de México, y a 17-40 metros sobre el nivel del mar. Un estudio que realizaron respecto del código genético del mangle del golfo de México y el Caribe con las del río San Pedro demostró que los últimos llegaron hace 125 mil años, era que corresponde al último interglaciar, pero cómo llegaron hasta allí, la respuesta es la siguiente: el incremento de los niveles del mar provocado por el cambio climático y el derretimiento en los casquetes polares esto dio como resultado el incremento de las aguas del golfo de México que en su momento cubrieron las tierras bajas de Tabasco, hasta lo que hoy en día se le conoce como las cascadas de Reforma.

Hay que llevar a cabo iniciativas que propongan los humedales del río San Pedro, para ser parte del Convenio Internacional de Ramsar, y lograr que los organismos facultados para la protección y conservación del medio ambiente lo protejan. Es uno de los retos más importantes en la reserva, no solo por el tema del cambio climático y la crisis hidrológica que enfrenta el país, sino también por la inclusión que deben tener, las comunidades académicas, y comunidades a los márgenes del río, ya que esto produciría un efecto positivo en el que, tanto organismos públicos, niveles de gobierno y gobernado trabajen en conjunto para regular, tanto la pesca, la agricultura, la ganadería, y cualquier otra actividad que atente con la salud ambiental de la reserva, de este río dependen muchas familias y es sustento de comunidades pesqueras,

Siempre se quiere hablar de la mediocridad como algo externo, ajeno al gobernado, pero la aportación de los estratos sociales es de vital importancia, ya que una de las principales fundamentaciones de las ANP, es la adecuación de un sistema donde el ser humano pueda convivir de manera respetuosa con el medio ambiente y hacer un uso sustentable de sus recursos sin afectarlo y sin dejar huella ecológica.

Es crucial analizar el resultado de las investigaciones de expertos en ciencias aplicadas, para entender, prevenir, y mitigar el cambio climático del presente y del futuro, así como el aumento del nivel del mar. (Geografic & Burelo Ramos, "Un Mundo Perdido Por Qué La Agricultura Y La Ganaderia Están Devastando Los Manglares De Tabasco en México, 2022)

En el recorrido de la historia de la administración de áreas naturales protegidas (ANP) nos podemos situar en el siglo XIX, cuando se protege el Desierto de los Leones con el fin de preservar 14 manantiales que se encuentran en esta demarcación territorial, después de 23 años se decreta el Reglamento de Bosques con el fin de asegurar las reservas forestales del país, hasta que en el año de 1995 finalmente se crea la Secretaría de Medio Ambiente, Recursos Naturales y Pesca (SEMARNAT), además se decreta la Ley Federal para Prevenir y Controlar la Contaminación Ambiental bajo jurisdicción de Secretaría de Salubridad y Asistencia (SSA).

A finales de la década de los 70 se inserta un nuevo elemento y de manejo para áreas naturales protegidas, se destaca el concepto reserva de la "biósfera", y respecto del marco jurídico mexicano se realizaron modificaciones a nuestra Carta Magna en 1987, se hace obligación del Estado la preservación de restauración del equilibrio ecológico y la protección al medio ambiente lo que permitió que se creara la Ley General del Equilibrio Ecológico y la Protección al Ambiente además coadyuvo a que se constituyera, El Reglamento de la Ley General del Equilibrio Ecológico y la Protección al Ambiente en Materia de Áreas Naturales Protegidas, que en el artículo 44 especifica la conformación de las ANP, se relevó la Ley Federal de Protección al Ambiente y entró en vigor en 1988 desapareciendo la SEDIJE y se suplió por la Secretaria de Desarrollo Social (SEDESOL, todo abrió paso a la constitución de políticas públicas en favor del medio ambiente, en 1994 se promueve la creación de la Secretaría de Medio Ambiente y Recursos Naturales y Pesca (SEMARNAP), en ese mismo año se funda la Comisión Nacional de Áreas Naturales Protegidas (CONANP), representa como órgano gubernamental desconcentrado y su facultad es la administración de las ANP.

La SEMARNAT considera que hay que hacer un trabajo en conjunto, tanto de organismos gubernamentales y que vayan de la mano con la colectividad, además se debe de ayudar de la comunidad científica, que a su vez debe ser financiada por el apoyo del fondo sectorial SEMARNAT-CONACYT y el fideicomiso Fondo para la Biodiversidad de la CONABIO. De igual importancia, la Internacional Union For Conservation of Nature (IUC) clasifica a la reserva "Wanha", categoría: Área Silvestre Protegida, manejada para la protección de los ecosistemas, recreación, investigación, además que las ANP objetivamente son herramienta de conservación, biodiversidad, gestión principal de protección.

Por otro lado, en las vertientes del marco legal mexicano en materia de protección al medio ambiente el Artículo 46 de la Ley General de Equilibrio Ecológico y Protección al Medio Ambiente (LEGEEPA), a su letra dice las ANP se dividen legalmente en seis categorías, el mayor número de (ANP) las representa parques nacionales pero la mayor demarcación territorial la comprenden las reservas de la biósfera; (Gonzáles Ocampo, Córtes Calva, Iñiguez Dávalos, & Ortega Rubio, 2014)

Citando legislación ambiental internacional se hace mención de que en el año de 1971, en la ciudad de Ramsar se firmó el primer tratado internacional moderno de protección de esfera ambiental, con carácter gubernamental dedicado a un tipo de ecosistema en especial, la Convención de Humedales de Importancia Internacional de Especies Amenazadas de Fauna y Flora Silvestre; el argumento plasmado anteriormente los podemos aterrizar en el contexto donde se plantea que el foco amenazador de este ambiente son los basureros a cielo abierto, que se conforman de manera ilegal, es relevante que en "Wanha" se hagan eficaces las acciones en favor de la reserva porque en ella cohabita una biodiversidad.

Este instrumento jurídico no forma parte del cuerpo legal del sistema de convenios y acuerdos Naciones Unidas, en cambio la Convención de Humedales de Importancia Internacional Convención de Ramsar dice que desde los años 60 los países y entes gubernamentales, analizaron la perdida y degradación del entorno, es preocupante porque los humedales juegan un papel importante para las aves migratorias, México es parte de Ramsar desde 1975, y es a través de la facultad de la CONANP que la república atiende 138 sitios en el país, con una extensión territorial de casi nueve millones de hectáreas, y estas sustancialmente son de tipo humedales, en sus elementos esenciales se incluyen principalmente manglares, pastos marinos, humedales de alta montaña entre otras características que delimitan territorialmente los humedales de México.

La preservación estos recursos naturales juegan un papel fundamental para las comunidades que prestan servicios de "Wanha" y también forman parte de un equilibrio ecológico del ambiente ripario, el estado mexicano debe replantearse políticas públicas encaminadas a que el humano aproveche de manera sustentable sus recursos, también en la reserva se puede usar los recursos obtenidos a través de servicios ecoturísticos, en México los aspectos sociales y económicos de las reservas juegan un papel crucial, gracias a las ANP existen beneficios obtenidos de conservación, de recursos naturales, se deben incorporar programas de compensación que si bien podría ser solventado por ingresos obtenidos a través del ecoturismo legislado y controlado en "Wanha".

En Wanha el único organismo no gubernamental que trata con rivereños del margen del rio, es la empresa europea REPSOL, que, de manera específica, invito a varios habitantes de la zona a participar en la reforestación del corredor selvático, implementando restauración de las poblaciones del mangle rojo, especie que es de vital importancia para la vida silvestre.

Por lo tanto el estado mexicano debe solucionar, los focos críticos que provocan la contaminación la reserva ya que a escasos 700 metros del poblado la Palma se encuentra constituido un basurero a cielo abierto en uno de sus humedales, los basureros a cielo abierto es un herencia que tenemos en el estado mexicano, empezando, porque en el lugar donde los ubicaron no se obraron investigaciones, legales, ni técnicos ni de impacto ambiental, para la conformación del mismo, así que nos encontramos con una vulneración de derechos, además que el no tratamiento de los residuos contaminantes pone en riesgo la integridad de la reserva sobre todo en la parte primordial que constituye el río y las vertientes de agua.

CONCLUSIÓN

En el pueblo que se menciona en el presente texto argumentativo se sufren actos omisos por parte del gobierno mexicano como lo es la falta de un sistema de alcantarillado y tratamiento de aguas negras, un vertedero a cielo abierto que afecta de manera directa los humedales, incendios forestales y desertificación de las tierras para pastoreo de ganado vacuno, para plantear una solución en la reserva "Wanha" es necesario citar un modelo de evaluación y consiste en una serie de actuaciones de los entes gubernamentales que están encaminadas a un contexto en específico, el objetivo de los modelos de evaluación es obtener información para adecuar una política pública que encuadre con las necesidades de la biósfera, la evaluación es un enfoque puntual en la toma de decisiones encaminadas a la conservación de la biodiversidad para promover el desarrollo sustentable de la ANP, en el caso de la política ambiental de Wanha se tiene que enfocar en el tema de la relación sociedad, medio ambiente y economía, es de vital importancia que se apliquen estos esquemas metodológicos para evaluar el desarrollo sustentable y la constitución de una política pública que resuelva los focos críticos de contaminación del ambiente ripario.

ANTECEDENTES. POLÍTICAS, PLANES, PROGRAMAS Y PROYECTOS

Esta política principalmente se sustenta de la idea o guía (conjunto de objetivos y acciones del gobierno y los ciudadanos para resolver problemas que comprenden una extensión territorial, se puede aplicar a problemáticas de carácter público, las PPPP se diferencian de otras porque estas toman elementos únicos del ambiente que se protege (flora y fauna silvestre), y el mantenimiento de los procesos ecosistémicos. Esté modelo de evaluación se fundamenta de una idea central y de la misma derivan objetivos, que son ordenados de manera sistemática para que se cumpla en un tiempo determinado la política pública, estos objetivos pueden ser diversos y va dependiendo de las necesidades de cada ANP, del mismo modo los programas son una serie de acciones encaminadas a la consecución de uno o varios objetivos, particularmente este modelo de evaluación es la unión de una serie de proyectos previstos en una área determinada, los proyectos se diferencian de los programas porque los primeros vienen acompañados de un recurso monetario, los proyectos son la piedra angular del desarrollo sustentable ya que a través de ellos se puede materializar la política pública en favor del Río de las Codornices "Wanha". (Mariana Bobadilla & Espejel Carbajal, 2013)

REFERENCIAS

Burelo Ramos, Carlos Manuel; National Geografic en español, 2022, <<Un mundo perdido>> Por qué la agricultura y ganadería están destruyendo los mangles de Tabasco.
Constitución Política de los Estados Unidos Mexicanos, (CPEUM), artículo 4, promulgada por el Diario Oficial de la Federación el día 5 de febrero de 1917.
Isaac Márquez, De Jong Eastmond, Ochoa-Gaona, Hernández; ESTRATEGIAS PRODUCTIVAS CAMPESINAS: UN ANÁLISIS DE LOS FACTORES CONDICIONANTES DEL USO DEL SUELO EN EL ORIENTE DE TABASCO, MÉXICO, 2005,

Erika Montejo, (30 de agosto 2023) NATIONAL GEOGRAFIC EN ESPAÑOL, obtenido de http://www.ngenespanol.com/ecológia/reserva-de-la-biosfera-wanha-nueva-área-natural-protegida-en-méxico/

Peña M. E. (mayo de 2013). Banco Interamericano de Desarrollo, pág.41

Gonzáles Ocampo, H. A., Córtes Calva, P, Iñiguez Dávalos, L, I. y Ortega Rubio A. (2014). Las áreas naturales protegidas de México. Investigación y Ciencia, pág. 9.

Protegidas, C. N. (mayo 2023), Estudio Previo Justificativo para el establecimiento del Área Natural Protegida Reserva de la Biosfera WANHA"

Esquema de evaluación para instrumentos de política ambiental- https://www.scielo.org.mx/scielo.php?pid=S018877422013000200006&script=sci_arttext

[91]

Capítulo 8

Corrección del acta de nacimiento por identidad de género en menores de edad

José Armando Villareal Martínez[1]*, Jessica Yoselin Pérez Ricardez[2], José Adolfo Pérez de la Rosa[3], Martha Esther May Gutiérrez[4] y Hardy Francisco Platas Rodríguez[5]

Resumen

El derecho a la identidad es fundamental, ya que nos distingue como individuos en la sociedad. Este derecho incluye la asignación de un nombre, una nacionalidad y el reconocimiento de una personalidad jurídica. Sin embargo, con el avance de la sociedad, estos elementos no son suficientes para definir la personalidad de una persona. Aquí entra en juego la identidad de género, que se refiere a la autopercepción de una persona respecto al género con el que se identifica, el cual puede diferir del sexo asignado al nacer. Es crucial analizar los avances en el derecho a la identidad y cómo el Estado facilita su acceso, especialmente para los menores de edad, quienes deben ser protegidos para asegurar su correcto desarrollo y participación en la sociedad.

Palabras clave: acta de nacimiento, identidad, género, menores.

INTRODUCCIÓN

[1]* Autor de correspondencia: armandovillarrealmtz26@gmail.com, Universidad Juárez Autónoma de Tabasco, División Académica Multidisciplinaria de los Ríos, Tenosique, Tabasco, México.
[2] jessica.perez@ujat.mx, https://orcid.org/0000-0003-2900-2483, Universidad Juárez Autónoma de Tabasco, División Académica Multidisciplinaria de los Ríos, Tenosique, Tabasco, México.
[3] adolfo.perez@ujat.mx, https://orcid.org/0000-0002-2226-4280, Universidad Juárez Autónoma de Tabasco, División Académica Multidisciplinaria de los Ríos, Tenosique, Tabasco, México.
[4] Universidad Juárez Autónoma de Tabasco, División Académica Multidisciplinaria de los Ríos, Tenosique, Tabasco, México.
[5] Universidad Juárez Autónoma de Tabasco, División Académica Multidisciplinaria de los Ríos, Tenosique, Tabasco, México.

El derecho a la identidad se reconoce en una diversidad de tratados internacionales, el cual de forma general abarca el poseer un nombre, nacionalidad y personalidad jurídica, no obstante durante los últimos años se ha planteado, que, dentro de esta identidad se contemple la identidad de género, la cual consiste en la autopercepción de la persona en cuanto a su género el cual puede diferir del sexo asignado durante el nacimiento de esta.

Es por ello, que, desde el plano internacional y en el contexto de diferentes países se plantea la posibilidad de poder modificar la documentación de las personas para que esta vaya acorde a su identidad, en pro de poder asegurar el derecho humano a la identidad, por lo cual es necesario plantearnos el alcance que este derecho debe tener y lo que debe contemplar para poder asegurar el correcto goce y ejercicio de tal derecho.

Si bien es necesario replantear o modificar las legislaciones de los diferentes países, no debe tomarse a la ligera, pues, debe contemplarse diferentes supuestos de derecho, tal es el caso de los menores de edad que hayan discordancia entre el sexo asignado al nacer y el autopercibido por estos, pues deben considerarse, entre otros derechos, el interés superior del menor para poder realizar tal cambio para armonizar su identidad con la identidad de género sin afectar el pleno desarrollo de la personalidad de estos.

I. IDENTIDAD DE GÉNERO

Para poder hablar de identidad de género debemos comprender de forma correcta la distinción que existe entre sexo y género, pues, es necesario resaltar que son términos, que, en diversidad de ocasiones se usan como sinónimos aunque estos simbolizan cosas completamente diferentes.

Es necesario entender que al referirnos al sexo de una persona engloba todas "las características biológicas y fisiológicas que definen al hombre y a la mujer" (Comisión Nacional para Prevenir y Erradicar la Violencia contra las Mujeres[CNPEVCM], 2016, párr. 2), mientras que al referirnos al género de una persona nos referimos a todos aquellos "atributos sociales y las oportunidades asociadas a ser hombre o mujer, y las relaciones entre mujeres y hombres, niñas y niños" (CNPEVCM, 2016, párr. 3), dicho de otra forma, el género de una persona está estrechamente ligado a lo que el contexto social e histórico del momento establece como conductas propias del hombre o de la mujer.

Por ello, aunque los términos sexo y género en diversas ocasiones se utilizan como sinónimos la realidad es que son conceptos bastante diferentes, pues, es sexo se determina a partir de los rasgos biológicos y fisiológicos de las personas, mientras que el género se basa en lo que la sociedad define como propio de ser hombre o mujer, entonces, ¿qué debemos entender como identidad de género? La identidad de género consiste en "la percepción que tiene una persona sobre si misma (ámbito privado) y como lo manifiesta a través de su vestimenta, comportamiento y apariencia personal (ámbito público)" (Dirección de Igualdad de Género, s.f., párr. 1).

Podemos decir, que, la identidad de género versa principalmente sobre la autopercepción de las personas sobre su género, el cual puede ir acorde a su sexo y a lo establecido por la sociedad y sus prácticas o puede ser distinto a ellas, en la actualidad existen una gran variedad de identidades de género, por lo cual es un tema que se haya en constante progreso.

II. DERECHO A LA IDENTIDAD

Debemos entender, que, cuando hablamos de identidad nos referimos a "el conjunto de características que definen a un individuo y le permiten reconocerse a sí mismo como un ente distinto y diferenciado de los demás" (Editorial Etecé, 2021, párr. 1), es esta la identidad que nos debe reconocer y salvaguardar el Estado, pues, se nos reconoce como un derecho humano necesario para la conservación y protección de nuestra necesidad como ser humano, es por ello, que, dentro de esta identidad también se haya nuestra autopercepción de género.

El derecho a la identidad se haya reconocido desde el plano internacional, en el continente este derecho se consagra en la Convención Americana sobre los Derechos Humanos o también llamado Pacto de San José de Costa Rica, donde se resalta que son derechos el reconocimiento de la identidad jurídica, el ostentar un nombre y poseer una nacionalidad, lo cual se entiende que, a través de todas estas prerrogativas, todas las personas tenemos el derecho a una identidad la cual será conformada por la percepción que esta tenga de sí mismo y los registros que se tengan ante las diferentes instituciones del Estado.

Dentro del territorio mexicano este derecho se consagra dentro del artículo 4 párrafo 8, en el cual se establece de forma expresa "Toda persona tiene derecho a la identidad y a ser registrado de manera inmediata a su nacimiento" (Constitución Política de los Estados Unidos Mexicanos [CPEUM], 1917, artículo 4) , por lo cual el derecho a la identidad consiste en el "reconocimiento jurídico y social de una persona como sujeto de derechos y responsabilidades y a su vez, de su pertenencia a un Estado, un territorio, una sociedad y una familia, condición necesaria para preservar la dignidad individual y colectiva" (Comisión Nacional de los Derechos Humanos, s.f., párr. 14).

Es por ello que nuestra identidad de género se haya reconocida como un derecho humano que deberá ser respetado, protegido y promovido por el Estado para el correcto desarrollo de la persona así como para su desenvolvimiento como

[95]

miembro de la sociedad, es por ello, que a través de sus instituciones, el Estado debe propiciar políticas y prácticas destinadas al correcto ejercicio y protección de este derecho.

III. EL DERECHO A LA IDENTIDAD DE LOS NIÑOS, NIÑAS Y ADOLESCENTES

Como sabemos, hay una diversidad de normativa vigente que reconoce el derecho a la identidad, este derecho se reconoce para todas las personas, es por ello que también se reconoce para los niños, niñas y adolescentes, debido a esto la Comisión Nacional de los Derechos Humanos expresa que el derecho a la identidad de estos sujetos de derecho se trata de:

> Una premisa básica para garantizar el respeto, ejercicio y protección de todos sus derechos, pues al reconocerlos(as) como titulares de los mismos, el Estado adquiere la obligación de implementar acciones para garantizar su desarrollo integral que tengan como base el interés superior de la niñez y la adolescencia. (2020).

De igual forma, la Convención Sobre los Derechos del Niño establece, en su artículo 8.1, lo siguiente:

> Los Estados Parte se comprometen a respetar el derecho del niño a preservar su identidad, incluidos la nacionalidad, el nombre y las relaciones familiares de conformidad con la ley sin injerencias ilícitas. (1989).

Por lo cual, queda más que claro que todos los niños, niñas y adolescentes tienen derecho a la identidad, pero es necesario hacer énfasis, que, este derecho no se limita a poseer un nombre y nacionalidad, sino se abarca diferentes aspectos de la vida como a autopercepción que estos tienen, pues, "la identidad no es sólo jurídica, implica una identidad personal, biológica, de género, social y cultural" (CNDH, 2020).

Uno de los avances más significativos entorno al derecho a la identidad de las personas, que también tuvo alcance a los niños, niñas y adolescentes, se presentó en el Estado argentino, pues, en el año del 2012 se aprueba la Ley 26.743 de identidad de género, la cual desde su artículo 1 nos establece que "Toda persona tiene derecho: a) Al reconocimiento de su identidad de género", ya no solo se toma en cuenta el nombre y la nacionalidad como formadoras de la identidad de las personas, se le otorga validación legal a la identidad de género de las personas como formadora de la identidad de las personas, pues esta forma de un conjunto de principios y valores que determinan a la persona.

La ley se plantea con el objetivo de:

> Establecer que cualquier persona tiene derecho a que se reconozca su identidad de género autopercibida incluyendo el cambio de datos personales y

el acceso a tratamientos de salud, en caso de requerirlos. (Cámara de Diputados de la Nación Argentina, 2021).

El Estado a través de esta ley se obliga a propiciar las facilidades necesarias para asegurar el reconocimiento de la identidad de género como parte de la identidad de las personas, estas facilidades comprenden la modificación de sus datos frente a las autoridades registrales hasta el acceso de tratamientos hormonales e intervenciones quirúrgicas, todas estas facilidades, dentro de dicha ley, se prevén principalmente para las personas mayores de edad, no obstante, dentro del propio texto de la ley se establece que existe la posibilidad de que un menor de edad tenga acceso a dichas facilidades.

Dentro del artículo 5 de la ley 26.743 de identidad de género se nos establece que "con relación a las personas menores de dieciocho (18) años de edad la solicitud del trámite a que refiere el artículo 4º deberá ser efectuada a través de sus representantes legales y con expresa conformidad del menor", por lo cual los menores de edad pueden realizar, mediante su tutor o representante legal, los cambios que consideren necesarios para poder asegurar y ejercer de forma plena su derecho a la identidad.

Hablamos de un gran avance en materia de identidad, pues, un menor de edad puede acceder a las facilidades necesarias para poder adecuar su identidad de género y ser reconocido como tal dentro de la sociedad, pues, es necesario resaltar que los derechos humanos tienen la particularidad de ser progresivos por lo cual deben tener un avance paralelo al de la sociedad misma para atender a las necesidades de esta.

En México, a nivel constitucional se reconoce el derecho a la identidad de las personas, de igual forma la Ley General de los Derechos de Niñas, Niños y Adolescentes reconoce que los niños, niñas y adolescentes tendrán derecho a ser registrados inmediatamente después de su nacimiento, contar con un nombre, apellido, nacionalidad así como conocer de su filiación, podemos decir, que, este derecho en México, a nivel federal, se limita a poseer un nombre y una nacionalidad.

No obstante desde el plano internacional se discute si esto es suficiente para asegurar este derecho o es necesario visibilizar más allá de esto, es por ello que diferentes Entidades Federativas se han planteado la modificación de sus legislaciones locales vigentes para ofrecer a sus gobernados la posibilidad de poder adecuar su identidad de género a los datos registrados en los registros civiles, dando paso a la progresividad del derecho a la identidad aceptando como parte de identidad la autopercepción de sí mismo de cada persona y poder tener un correcto desenvolvimiento en la sociedad sin sufrir algún tipo de discriminación en razón de género por las discordancias que puedan existir en su identidad.

El "Estado de Quintana Roo aprobó por unanimidad reformas al Código Civil donde se establecen procedimientos sencillos, expeditos y gratuitos para el cambio de datos de nombre y género en el acta de nacimiento de las personas" (García, 2020, párr. 3), así es como se unió a las diferentes entidades en las cuales se prevé la posibilidad de modificar los datos existentes en su acta de nacimiento para que vayan acorde a la identidad de la persona.

En México existen "12 entidades que reconocen la Ley de Identidad de Género: la Ciudad de México, Michoacán, Nayarit, Coahuila, Colima, San Luis Potosí, Hidalgo, Oaxaca, Tlaxcala, Sonora, Chihuahua y, ahora, Quintana Roo" (García, 2020, párr. 7), esto representa un avance en torno a la progresividad del derecho a la identidad de las personas, el cual sienta las bases para que más entidades se sumen a la modificación de sus legislaciones para asegurar los derechos de las personas y prevenir la discriminación en razón de la identidad de género.

Aunque dichas modificaciones legales representan un gran avance en torno al derecho a la identidad, lo cierto es que dicho trámite para modificar los datos existentes en el acta de nacimiento de cada persona, dicho trámite solo puede ser realizado por personas mayores de edad, pues, "requiere presentar el acta de nacimiento primigenia, identificación oficial vigente, comprobante de domicilio, formato de solicitud y comparar la percepción individual de dicho género" (García, 2020, párr. 7).

CONCLUSIÓN

Resulta necesario analizar y comprender, que, la identidad de las personas no solo simboliza un nombre o nacionalidad, sino que comprende aspectos relacionados con la autopercepción, principios y valores de las personas para poder realizar los ajustes necesarios y poder ser parte de la sociedad y no sufrir de exclusión o discriminación alguna siendo un miembro funcional dentro de esta misma.

Es por ello, que, a nivel desde el plano internacional se contemplan diversidad de convenciones destinadas a reconocer el derecho a la identidad donde no se limita a llamar identidad a poseer un nombre sino que contempla diferentes aspectos como la identidad de género como parte formadora de la identidad de las personas, no obstante es un tema que aún no es analizado por los gobiernos de los países, pues, resulta controversial por el alcance que este derecho debe tener y que es lo que el Estado puede garantizar para el correcto desarrollo de las personas sin ocasionar daños a instituciones como lo es la familia que es el núcleo de toda sociedad.

Argentina es uno de los Estados que mayor esfuerzo invirtió en reconocer la identidad de género como formadora de la identidad de las personas y por consecuente considerarlo parte del derecho a la identidad de las personas, esto también influencio en diferentes entidades federativas del Estado mexicano quienes presentan la posibilidad, a las personas, de modificar los datos del acta de nacimiento para que estos vayan acorde a su autopercepción y su identidad de género, no obstante este trámite solo se permite para las personas mayores de edad, pues, es necesario presentar una identificación oficial para poder realizarlo.

El Estado argentino se prevé la posibilidad de reconocer y adecuar la identidad de género de los menores de edad, aunque ellos deben obtener el consentimiento de su representante legal así como el acompañamiento de un abogado especializa- do para poder llevar acabo las adecuaciones necesarias para que sus documentos e imagen vayan acorde a su identidad de género, podemos decir, que, esto es un acierto por parte del Estado argentino, pues, aunque es un derecho que debe ser asegurado a los niños, niñas y adolescentes debido al interés superior del menor, lo cierto es que, por el mismo interés superior del menor, no es un derecho que deba tomarse a la ligera, pues, "La neurociencia afirma que el cerebro alcanza su madurez entre los 21 y los 25 años" (Serrano, 2019, párr. 3), por lo cual un menor de edad pudiera tomar una decisión fluctuante que pudiera llegar a ser irreversi- ble.

Debemos mencionar, que, si bien el derecho a la identidad es universal es ne- cesario establecer ciertos filtros principalmente para los menores de edad para el correcto ejercicio de dicho derecho, pues, como se menciona en lineas que ante- ceden la madurez mental se alcanza después de los 20 años de edad, por lo que no debe ser tomado como un juego, por ello se exalta la regulación del Estado argen- tino donde se requiere el consentimiento del tutor o representante legal del menor para poder realizar cualquier proceso para poder modificar su identidad para ir acorde a su autopercepción de género.

REFERENCIAS

[1]   Comisión Nacional para Prevenir y Erradicar la Violencia Contra las Mujeres. (24 de marzo de 2016). ¿A qué nos referimos cuando hablamos de "sexo" y "género"?. Gob.mx.   https://www.gob.mx/conavim/articulos/a-que-nos-referimos-cuando- hablamos-de-sexo-y-genero

[2]   Dirección de Igualdad de Género. (S.f.). Identidad de género. Universidad de los Lagos. https://direcciondegenero.ulagos.cl/definiciones/identidad-de-genero/

[3]   Constitución política de los Estados Unidos Mexicanos [CEPEUM]. 5 de febrero de 1917. Artículo 4.

[4]   Editorial Etecé. (03 de noviembre de 2021). Identidad personal. Concepto.de. https://concepto.de/identidad-personal/#:~:text=e%20identidad%20social- ,%C2%BFQu%C3%A9%20es%20la%20identidad%20personal%3F,y%20diferencia do%20de%20los%20dem%C3%A1s.

[5]   Comisión Nacional de los Derechos Humanos. (2020). Niñas, niños y adolescentes tienen   derecho   a   la   identidad.

      https://www.cndh.org.mx/sites/default/files/documentos/2022-
      02/Cuadri_NNA_identidad.pdf

[6]   Convención Sobre los Derechos del Niño. Artículo 8.1. 1989.

[7]   Ley 27.743 del 2012. Identidad de género. 23 de mayo de 2012.

[8]   Cámara de Diputados de la Nación Argentina. (2021). Derecho A La Identidad De Género (Ley N° 26.743). https://www4.hcdn.gob.ar/archivos/genero/archivos/Identidad%20de%20g%C3%A9nero.pdf

[9]   García, A. (28 de noviembre de 2020). El derecho a la identidad de género en México: avances en pocos estados y omisiones en el procedimiento. *El Economista.* https://www.eleconomista.com.mx/estados/El-derecho-a-la-identidad-de-genero-en-Mexico-avances-en-pocos-estados-y-omisiones-en-el-procedimiento--20201128-0001.html

[10] Serrano, I. (08 de junio de 2019). ¿Cómo saber si es inmaduro?. *EL Mundo.* https://www.elmundo.es/vida-sana/mente/2019/06/08/5cfa5b7621efa006788b45aa.html

Capítulo 9

Falta de legislación en materia de ciberseguridad financiera

José Alberto Díaz Piña[1]*, Arturo Magaña Contreras[2] y Adriana Centeno Landero[3]

Resumen

El sistema financiero desde la aparición de la banca móvil ha atravesado por diferentes dificultades, principalmente en torno a la ciberseguridad y la protección de datos dentro de la banca móvil, es por ello que debemos preguntarnos ¿Verdaderamente existe certeza jurídica en el sistema financiero?, a pesar de las estrategias implementadas por el Banco de México podemos hablar de una verdadera ciberseguridad o es necesario analizar los vacíos legales que existen en materia de ciberseguridad pues los ataques cibernéticos son más recurrentes de lo que se esperaría y esto nos hace suponer que la falta de legislación en materia de ciberseguridad propicia los ataques al sistema financiero mexicano y las estrategias implementadas por el Banco de México necesitan mayor fuerza coercitiva para poder hablar de una verdadera ciberseguridad financiera.

Palabras clave: legislación, ciberseguridad, financiera, banca móvil, certeza jurídica.

INTRODUCCIÓN

Es importante mencionar, que, los bancos se han vuelto de gran importancia dentro de la vida de las personas, esto desde sus primeros registros, pues, atendían a la necesidad de resguardar objetos de gran valor cosa que era de gran ayuda para

[1]* alberto_diaz1406@outlook.com, Universidad Juárez Autónoma de Tabasco, División Académica Multidisciplinaria de los Ríos, Tenosique, Tabasco, México.
[2] arturo.magana@ujat.mx, Universidad Juárez Autónoma de Tabasco, División Académica Multidisciplinaria de los Ríos, Tenosique, Tabasco, México.
[3] adriana.centeno@ujat.mx, Universidad Juárez Autónoma de Tabasco, División Académica Multidisciplinaria de los Ríos, Tenosique, Tabasco, México.

las personas brindando además gran seguridad pues era casi imposible que cualquier persona pudiera acceder a las bóvedas de dichas instituciones.

El banco evoluciono junto a las necesidades de las personas y paso a brindar más servicios además del resguardo de objetos de valor, tales como el préstamo de divisas, cobro de cheques, entre otros, este fue uno de los principales cambios que atraveso como institución pero aún no era el más grande de su existencia, pues, con la aparición de las Tecnologías de la Comunicación y de la Información (TIC´s) y del internet debían explorar nuevos mercados a través de estas.

Con la aparición de las TIC´s y del internet los bancos ofrecieron servicios mediante sitios webs pero estos eran demasiado limitados y poco prácticos, es por ello que debían implementar nuevas estrategias para explotar de mejor manera las herramientas disponibles, es por ello que las instituciones financieras empezaron a ofrecer lo que conocemos como la banca móvil.

La creación de la banca móvil conlleva diferentes situaciones que deben ser reguladas por motivos de seguridad y protección de los datos de las propias instituciones financieras y de las personas que deciden consumir dicho servicio con el fin de brindar seguridad jurídica.

I. EL BANCO EN LA HISTORIA

Desde el asentamiento del hombre y de la aparición de los primeros núcleos poblacionales, la sociedad ha afrontado un sinfín de cambios que siempre trataron de encaminar a esta misma hacia la vía del progreso, pero ello representaba nuevas situaciones que eran desconocidas y por lo tanto surgía la necesidad de regular dichas situaciones para conservar el orden establecido dentro de la sociedad, es por ello que el derecho se crea para la conservación de dicho orden social, este siempre progresara detrás de la sociedad, pues es esta quien marca las pautas a las que el derecho se debe adaptar para cumplir con la tarea encomendada.

Por ello, uno de los primeros fenómenos que aparecieron con el hombre fue el intercambio de mercancías, pues, al no existir la moneda se debía cambiar cosas por otras de igual o mayor valor, "los seres humanos prehistóricos hacían trueque de pieles de animales o servicios por alimentos" (CONNECTAMERICAS, s.f.), es aquí donde tiene sus orígenes el comercio, el cual se modificó con la aparición de la moneda, pues, debía establecerse el precio de las cosas y de las monedas mismas, "el valor de estas monedas estaba determinado por el peso y el material del que estaban hechas" (Banco de México, 2016).

Si bien la aparición del dinero represento un gran cambio dentro de la sociedad, también con ello surge una nueva necesidad ¿Dónde resguardar el dinero? Pues no era muy seguro guardar cantidades grandes dentro de los hogares pues se corría el riesgo de ser robado, de igual forma, con la aparición del dinero los precios de las cosas se volvieron fluctuantes, por ello surgía otra necesidad ¿Cómo conseguir más dinero?, ante esta situación se crean los bancos, los cuales se encargaban de resguardar objetos de valor y posteriormente el préstamo de dinero.

Aunque en Mesopotamia y Babilonia ya existían actividades que implicaban el resguardo de objetos de valor, el antecedente del banco como hoy lo conocemos surgió alrededor del año 1100 en ciudades del norte de Italia como Florencia, Venecia y Génova. Los primeros banqueros italianos realizaban sus transacciones sobre un banco o asiento de donde probablemente derivó el nombre de banco. (Banco de México, 2016).

La aparición del comercio se vio estrechamente relacionado con la aparición de las instituciones bancarias, pues, atendía a la necesidad de poder resguardar el dinero de las personas, aunque es evidente que solo era para las personas adineradas, dicho servicio evoluciono a lo largo del tiempo, pues, sus actividades y servicios se volvieron más complejas y ya no se limitaban al resguardo de dinero sino que también al préstamo del mismo.

Si bien la creación de los bancos fue algo novedoso, los avances tecnológicos de la sociedad no fueron única y exclusivamente para la materia mercantil, estos llegaron hasta las instituciones bancarias por ello en "1994, gracias a la firma Stanfords Credit Union creó la primera web de banca online, que el mundo vio por primera vez un software agregado que aún permite a los clientes ver todas sus finanzas en un mismo sitio digital" (Forbes, s.f., párr. 9) esto solo fue el inicio de algo mucho más grande, puesto que hoy día una gran cantidad de bancos prestan el servicio de banca móvil donde pueden realizar diversidad de movimientos y transacciones.

II. EL INTERNET Y LA BANCA MÓVIL EN MÉXICO

Desde la aparición de las instituciones bancarias se atravesaron diferentes cambios paralelamente con la sociedad, pues esta se hallaba en constante cambio, principalmente en los años 80´s, pues "es el año de 1983 el que normalmente se marca como el año en que nació Internet" (Bastero, 2024, Cuándo nació Internet, párr. 1), esto simbolizo nuevas oportunidades para las instituciones bancarias para ampliar su alcance a más y más personas.

Desde la década de los 90´s el internet dentro del país fue una de las grandes novedades e innovaciones, pues no era un servicio que se pudiera prestar en cualquier país puesto que superaba la capacidad en cuanto a infraestructura y regulación legal de muchos gobiernos sólo Australia, Alemania, Canadá, Dinamarca, EUA, Finlandia, Francia, Islandia, Israel, Italia, Japón, Holanda, México, Noruega, Nueva Zelandia, Puerto Rico, el Reino Unido y Suecia estaban conectados a Internet (Universidad Nacional Autónoma de México [UNAM], 2019, párr. 5), por ello simbolizaba una gran oportunidad para muchas empresas tanto nacionales como extranjeras establecidas dentro del país.

"Desde 1996, se dio un rápido crecimiento en el número de líneas de telefonía móvil en el país" (BBVA, 2024), este incremento en la industria telefónica en México aunado con la aparición y crecimiento del internet en México brindaría un nuevo mercado para diferentes sectores productivos de la sociedad, uno de los más beneficiados fue el sector comercial pero el sector bancario también supo sacar provecho de los avances tecnológicos que se presentaban en el territorio nacional.

En 1999 la Bolsa Mexicana de Valores (BMV) inicio la digitalización, por lo cual se terminan las inversiones levantando la mano, a como se estaba trabajando hasta el momento, esto permitía mayor precisión y mayor eficacia al momento de comprar participaciones en una empresa que cotizara en la BMV. (BBVA, 2013).

La evolución de la BMV hacia las tecnologías de la información permitió que las instituciones bancarias también incursionaran hacia la modernización, pues, "Si bien, desde 2009 existía el antecedente por parte de Banco de México con la emisión de la circular 26/2009 que creaba y regulaba las Cuentas Móviles" (BBVA, 2013), el sistema financiero mexicano aún carecía de la infraestructura necesaria para poder brindar un verdadero servicio digital bancario, esto a pesar de que la industria telefónica se hallaba en gran crecimiento.

Fue hasta abril de 2010 que la Comisión Nacional Bancaria de Valores (CNBV), el Banco de México y la Secretaria de Hacienda y Crédito Público (SHCP) armonizaron distintas piezas de la regulación para crear un nuevo esquema de cuentas simplificadas a fin de que se tuviera un marco regulatorio que permitiera por un lado tener un esquema flexible de apertura de productos bancarios y por otro lado facilitara la liga de estos productos a los teléfonos móviles. (BBVA, 2013)

A pesar de las deficiencias presentadas en los servicios bancarios por medio de sitios web, este fue un parteaguas tanto en el avance tecnológico como en el sistema bancario pues presuponía servicios, para los clientes de diferentes bancos, desde la comodidad de su hogar, oficina, etc, pero simbolizaba mayor agilidad en el catálogo de servicios que prestaban dichas instituciones financieras.

III. CIBERSEGURIDAD EN MÉXICO

Desde la aparición del internet en el país y la implementación de la banca móvil estas han atravesado por diferentes problemáticas siendo una de estas los ataques cibernéticos, pues, al ser sistemas en línea se hayan expuestos a robo de datos e información no solo de las propias instituciones sino también de sus usuarios; si bien es cierto que la existencia de la banca móvil representa grandes beneficios en cuanto agilidad y eficiencia para diferentes trámites bancarios, también representa una gran vulnerabilidad.

El Banco de México, desde su fundación ha planteado e implementado estrategias para el fortalecimiento del sistema financiero mexicano, esto participando en foros y cumbres internacionales donde se comparten estrategias para lograr el cometido de robustecer los sistemas financieros, además de esto, el Banco de México realiza fuertes inversiones al sistema bancario para que este se mantenga a la vanguardia en ciberseguridad, pues, "tan sólo en el último año, con base en información de la Asociación de Bancos de México (ABM), el gremio invirtió 24,000 millones de pesos en tecnología" (Juárez, 2024, Fuertes inversiones en prevención, párr. 2).

"En los últimos años, el Banco de México, en coordinación con otras autoridades financieras ha desarrollado una estrategia de mitigación de los riesgos cibernéticos" (Banco de México, s.f., estabilidad financiera, párr. 1), gobierno corporativo en el que la seguridad de la información ocupe un lugar destacado dentro de las instituciones; reforzamiento preventivo de la infraestructura y sistemas, a partir de estándares y mejores prácticas, y de un esquema institucional de gestión de riesgos; y desarrollo de equipos y protocolos de respuesta a incidentes, que permitan identificar, analizar, reaccionar, contener y recuperar a la organización oportunamente ante los posibles ciberataques.

Debido al frecuente número de incidentes en el sector financiero en torno a los servicios en línea que se prestan por las instituciones bancarias "autoridades financieras mexicanas definieron bases y principios para homologar las estrategias de reforzamiento de la seguridad de las entidades del sector y formalizaron distintos acuerdos de colaboración" (Banco de México, s.f., Colaboración con otras autoridades y organizaciones, en materia de seguridad de la información, párr. 1), todo esto para propiciar un sistema financiero digital más fuerte y robusto en el que se reduzcan en gran medida los ataques de cibernéticos a sus servidores.

La estadística de Banxico no proporciona los nombres de los bancos afectados por los hackers por confidencialidad y resguardo de la reputación de las instituciones. El primer caso ocurrió en febrero de este año, se trató de una vulneración informática a cajeros automáticos que dio como resultado una afectación de 11.83 millones de pesos.

El segundo hecho pasó en marzo, se trató de una vulneración informática del servicio de transferencias a través de un código malicioso que no ha sido identificado hasta el momento. El servicio afectado fue el de transferencias electrónicas que provee a sus clientes y el monto afectado fue de 55.71 millones de pesos, el más alto en lo que va del año.

[105]

El tercer banco afectado fue víctima de una vulneración informática a través de un código malicioso de tipo troyano identificado como Prometei. El monto afectado fue de 0.07 millones de pesos. Prometei es un malware que se utiliza principalmente para realizar minería de criptomonedas de manera ilícita, sin el conocimiento ni el consentimiento de los propietarios de los sistemas afectados. (Zamarrón, 2023).

No obstante es necesario destacar, que, "en la actualidad, México no cuenta con legislación en materia de ciberseguridad. Esto ha llevado a que múltiples instituciones gubernamentales, así como también empresas privadas y personas naturales, sean víctimas de ciberataques", por lo cual podemos decir, que, el sistema bancario y financiero mexicano sienta sus bases sobre principios, estrategias y buenas prácticas pues no existe normatividad vigente que establezca las sanciones por ataques cibernéticos ni establezca que las instituciones financieras deban contar con sistemas informáticos robustos para evitar ciberataques.

A pesar de que los ciberataques son más frecuentes de lo que se esperaría y las entidades bancarias llegan a tener grandes pérdidas aún no existe una ley especial que las proteja de dichos ataques ni que establezca los mecanismos de acción frente a estos, y, es de destacar que "desde el 2018 se han propuesto 11 iniciativas de leyes sobre ciberseguridad, ninguna ha llegado a concretarse" (Juárez, 2024, párr. 3)

CONCLUSIÓN

El banco como institución ha existido desde las antiguas civilizaciones, es por esto mismo que dicha institución ha atravesado por diferentes cambios, pues, este empezó como una institución de resguardo de objetos de valor, con el tiempo esta institución se hizo más sofisticada y ya no tendría solo una función de resguardo sino, que, también sería una institución destinada al préstamo de dinero así como mediadora de negociaciones, pues, brindaba seguridad a los comerciantes, con el tiempo los bancos se vieron orillados a progresar con la sociedad y con la aparición de las Tecnologías de la Comunicación y de la Información (TIC 's) estas debían incursionar en un nuevo ambiente y es a partir de esto que los bancos comenzaron a ofrecer servicios en línea, es aquí donde empezó el largo camino de dichas instituciones a lo que hoy conocemos como la banca móvil, donde, con un solo clic podemos realizar diferentes trámites como préstamos, transferencias y retiros de divisas.

Si bien la aparición de la banca móvil representa un gran avance en cuanto a agilidad y eficacia frente a las instituciones financieras, también representa ciertos riesgos, pues, al ser un servicio en línea se haya expuesto a frecuentes ciberataques en búsqueda de datos de las instituciones financieras o de los usuarios de la banca móvil, con la finalidad de cometer fraude y hacerse de grandes cantidades de dinero.

Si bien, en México, la principal institución reguladora del sistema financiero, el Banco de México, ha realizado esfuerzos enormes en colaboración con las instituciones bancarias para poder robustecer el sistema financiero mexicano y así evitar la mayor cantidad de ciberataques posibles y brindar seguridad y confianza hacia dichas instituciones; lo cierto es que la ciberseguridad financiera en México se regula por las prácticas y estrategias implementadas por el Banco de México pues no existe, hasta la fecha, normatividad especial alguna que establezca las pautas a seguir en caso de un ataque cibernético o ante que instancia acudir en caso de ser víctima de un ataque cibernético.

Resulta importante destacar, que, la falta de una norma especial para la materia de ciberseguridad propicia a la incertidumbre en caso de ser víctima de un ciberataque, pues, nada nos da la seguridad de poder hallar al responsable de este ni ante que instancia debemos acudir para poder denunciar los hechos.

De igual forma, el hecho de no tener una normatividad en materia de ciberseguridad propicia a que existan instituciones financieras con sistemas cibernéticos frágiles propensos a ser atacados y a exponer información de sus clientes, pues no existe normatividad coercible que imponga que toda institución financiera debe contar con un sistema cibernético robusto para brindar seguridad a sus clientes y poder funcionar de forma correcta.

Por ello es necesario plantear la necesidad de crear normatividad destinada a establecer pautas para las instituciones financieras y que estas brinden seguridad para las personas interesadas en sumarse a su cartera de clientes y ofrecer una mejor experiencia en la banca móvil, de igual forma se debe establecer el procedimiento a seguir en caso de ser víctima de un ciberataque ya sea como institución o como persona física cliente de dicha institución financiera.

REFERENCIAS

[1] CONNECTAMERICAS. (s.f.). La evolución del comercio: del trueque al móvil. Conexión Intal. https://conexionintal.iadb.org/2017/03/06/la-evolucion-del-comercio-del-trueque-al-movil/

[2] Banco de México. (2016). La historia del dinero. https://www.banxico.org.mx/mibanxico/__pdfs/historia-del-dinero.pdf

[3] Forbes. (s.f.). Historia, banca y perfeccionamiento: las sucursales desde el siglo XIX al XXI. https://www.forbes.com.mx/brand-voice/historia-banca-perfeccionamiento-las-sucursales-desde-siglo-xix-al-xxi/#:~:text=No%20es%20sino%20hasta%201994,en%20un%20mismo%20sitio%20digital

[4] Bastero, M. (16 de mayo de 2024). Historia de Internet: cómo nació y cuál fue su evolución. Marketing4eCommerce. https://marketing4ecommerce.net/historia-de-internet/#guerra

[5] Universidad Nacional Autónoma de México. (11 de julio de 2019). México se conecta a la red mundial con internet. Fundación UNAM. https://www.fundacionunam.org.mx/unam-al-dia/mexico-se-conecta-a-la-red-mundial-con-internet/#:~:text=%E2%80%9CLa%20era%20de%20Internet%20lleg%C3%B3,estaba%20conformando%20como%20red%20mundial

[6] BBVA. (11 de enero de 2024). La banca móvil ¿el futuro o el presente?. https://www.bbvaresearch.com/wp-content/uploads/2024/01/Banca_movil_el_futuro_o_el_presente.pdf

[7] BBVA. (05 de junio de 2013). La banca móvil en México como mecanismo de inclusión financiera: desarrollos recientes y aproximación al mercado potencial. https://www.bbvaresearch.com/wp-content/uploads/migrados/WP_1319_Mexico_BancaMovil_tcm346-390713.pdf

[8] Banco de México. (s.f.). Ciberseguridad. https://www.banxico.org.mx/sistema-financiero/seguridad-informacion-banco.html

[9] Juárez, E. (16 de julio de 2024). Este año se han presentado dos incidentes cibernéticos a financieras por 140.5 millones de pesos. *El Economista*. https://www.eleconomista.com.mx/sectorfinanciero/Este-ano-se-han-presentado-dos-incidentes-ciberneticos-a-financieras-por-140.5-millones-de-pesos-20240716-0101.html

[10] Fuentes, S. (18 de enero de 2023). Ley de Ciberseguridad en México: Conoce la nueva Ley. Delta Protect. https://www.deltaprotect.com/blog/ley-de-ciberseguridad-mexico

Capítulo 10

Reconocimiento legal de las labores de cuidado como estrategia de empoderamiento global de los derechos humanos

Elisa Nadine Vázquez Hernández[1]*, Marisol González Hernández[2], Luis Abraham Paz Medina[3], Carlos Romeo Rodríguez Mazariego[4] y José Alberto Díaz Díaz Piña[5]

Resumen

A lo largo de la historia, a la mujer se le ha encomendado un rol bastante importante, pues, esta se encarga de diferentes actividades en pro del mantenimiento del hogar, así mismo, es a esta misma a quien la sociedad le asigna el rol de cuidadora, dicha tarea se ha visto invisibilizadas principalmente por ser tareas realizadas por mujeres, esto hasta la pandemia del SarsCoV2 donde se visibilizo notoriamente lo importante que resultaba dicho rol dentro de la sociedad, por lo cual la visibilización y reconocimiento legal de esta labor no solo representa empoderamiento de los derechos humanos, sino también representa un impacto en diferentes sectores de la sociedad y propicia un paso crucial hacia un mundo más justo y equitativo.

Palabras clave: cuidado, hogar, empoderamiento, derechos humanos, equidad.

[1]* Autor de correspondencia: neeey24@gmail.com, Universidad Juárez Autónoma de Tabasco, División Académica Multidisciplinaria de los Ríos, Tenosique, Tabasco, México.

[2] mgh04325@docente.ujat.mx, Universidad Juárez Autónoma de Tabasco, División Académica Multidisciplinaria de los Ríos, Tenosique, Tabasco, México.

[3] lpm04415@docente.ujat.mx, Universidad Juárez Autónoma de Tabasco, División Académica Multidisciplinaria de los Ríos, Tenosique, Tabasco, México.

4 cromeorodmaz87@hotmail.com, Universidad Juárez Autónoma de Tabasco, División Académica Multidisciplinaria de los Ríos, Tenosique, Tabasco, México.

[5] alberto_diaz1406@outlook.com, Universidad Juárez Autónoma de Tabasco, División Académica Multidisciplinaria de los Ríos, Tenosique, Tabasco, México.

INTRODUCCIÓN

Tradicionalmente se han impuesto roles de género a hombres y mujeres, es decir existen la creencia generalizada de que hay actividades destinadas a ser llevadas a cabo únicamente por hombres y otras solo por mujeres, esto ha sido largamente asimilado por la sociedad, y tiene su origen en la antigua división del trabajo al interior de las tribus, debiendo considerar que en su momento dicha división facilitaba la satisfacción de necesidades y de ahí su importancia.

Con el paso del tiempo estos roles se perpetuaron y han propiciado que a las mujeres se les considere como las únicas responsables de encargarse de las labores del hogar y de las labores de cuidado sin percepción de ingresos, con el empobrecimiento para ellas que esta situación representa.

La división laboral basada en opiniones de desigualdad perpetúa que los hombres accedan a mejores empleos, sueldos, oportunidades y que las mujeres continúen siendo un grupo altamente vulnerable en el aspecto económico, pues al ser las históricamente destinadas a cuidar y mantener en orden los hogares, no reciben por dichas funciones ninguna remuneración, obligándolas a ser dependientes económicas ya sea de sus padres, hermanos, esposos, parejas o hijos, según se trate.

I. ANTECEDENTES

Desde que los seres humanos aparecieron sobre la faz de la tierra, se apreciaron las diferencias entre los sexos, estas diferencias fueron determinadas por las características biológicas y anatómicas de cada uno de ellos. De ahí que la fisiología ha sido determinante para establecer las diferencias fundamentales entre los sexos, atribuyendo que las mismas se dan no sólo a nivel biológico y morfológico, sino que también en lo psicológico y social.

Derivado de lo anterior se ha sostenido que es la "naturaleza" la que define las diferencias y lo que corresponde a cada sexo. Es así que se da la división sexual de los roles y que se asume con un carácter de normativa social, es decir que la sociedad hace esta diferenciación de sexos como obligatoria y necesaria para el buen funcionamiento de la misma.

Todas las civilizaciones antiguas emplearon esta división de roles, justificada además por la división de trabajos, de tal suerte que se asimiló que los hombres eran fuertes y debían hacerse cargo de los trabajos más pesados y peligrosos y ser los proveedores naturales y las mujeres vinculadas a sus funciones reproductivas debían por tanto dedicarse al cuidado y atención de los hijos, así como las labores del hogar.

Ahora bien, cada civilización asimiló de forma diferente los derechos que se le concedían a cada sexo, así podemos encontrar culturas en las que se permitió que las mujeres pudiesen incluso gobernar y otras en las que no se les concedió absolutamente ningún derecho.

El papel (rol) de género se configura con el conjunto de normas y prescripciones que dictan la sociedad y la cultura sobre el comportamiento femenino o masculino. Aunque hay variantes de acuerdo con la cultura, la clase social, el grupo étnico y hasta el estrato generacional de las personas, se puede sostener una división básica que corresponde a la división sexual del trabajo más primitiva: las mujeres paren a los hijos y, por lo tanto, los cuidan: ergo, lo femenino es lo maternal, lo doméstico, contrapuesto con lo masculino, que se identifica con lo público. La dicotomía masculino-femenino, con sus variantes establece estereotipos, las más de las veces rígidos, que condicionan los papeles y limitan las potencialidades humanas de las personas al estimular o reprimir los comportamientos en función de su adecuación al género. (Lamas, 2002).

Martha Lamas, sostiene el hecho de que mujeres y hombres sean diferentes anatómicamente los induce a creer que sus valores, cualidades intelectuales, aptitudes y actitudes también lo son. Las sociedades determinan las actividades de las mujeres y los hombres basadas en los estereotipos, estableciendo así una división sexual del trabajo. (Lamas, 2002)

En consecuencia, se ha aceptado por casi todas las culturas, de todos los tiempos que son las mujeres las idóneas para llevar a cabo casi de forma exclusiva las labores de cuidado y las del hogar.

II. DEFINICIÓN

En distintos textos podemos encontrar que se emplean los términos labores del hogar y labores de cuidado de manera indistinta, como si se tratasen de conceptos sinónimos, por tanto, debemos partir de diferenciar ambos conceptos, conceptualizar adecuadamente es el comienzo de visibilizar el problema y buscar soluciones a los retos que plantean.

Partiremos por decir que el Diccionario de la Real Academia de la Lengua define la palabra Labor, viene del lat. Labor, -ōris, y significa Acción y efecto de trabajar.

"El trabajo doméstico puede entenderse como el conjunto de actividades obligatorias y no remuneradas que se realizan dentro del hogar e incluso fuera del hogar para proporcionar bienestar y dignificar la calidad de vida de los miembros de la familia" (Calderón, 2011); el trabajo doméstico incluye actividades de orientación, educación, higiene, salud, (como lavar, planchar, cocinar, cuidar, arreglar y servir), alimentación, el equilibrio emocional.

[111]

La Ley Federal del Trabajo en su Artículo 331, establece que son Trabajadores domésticos son los que prestan los servicios de aseo, asistencia y demás propios o inherentes al hogar de una persona o familia.

Esta definición no establece de manera clara que realizar labores de cuidado también debería ser considerado un trabajo que debiera ser remunerado, cuantos ejemplos conocemos de personas que se quedan a cargo de abuelos, discapacitados o enfermos temporales y que no perciben ninguna remuneración económica por tales trabajos, con el pretexto de ser llevados a cabo por algún familiar cercano, propiciando que cuando fallece la persona que recibió los cuidados, quien los llevó a cabo quede en una situación de empobrecimiento.

El trabajo doméstico, implica consumo y agotamiento del cerebro, de los nervios, de los músculos, esto significa exigencias, ya que reúne algunas de las características del trabajo general, aunque se distinga porque no es asalariada (no remunerada). Contiene 3 características:

1. Es continua, porque durante todos los días de la semana no existe un momento en que se pueda considerar terminado, cuando se acaba con una tarea, siempre se inicia el ciclo.

2. Es heterogéneo, porque comprende tareas de cuatro (4) tipos: de ejecución (lavar, planchar, limpiar, etc.); de gestión (trámites, pagos); los propios de la reproducción biológica (embarazo, crianza) y finalmente, los afectivos y de socialización.

3. Es complejo, porque para realizarlo son necesarias diferentes cualidades que se expresan a la vez, algunos solo requieren esfuerzo físico como limpiar; otras, significan conocimiento y habilidades complicadas como el cuidado de enfermos y el ama de casa debe ser capaz de responder a las diversas exigencias, al mismo tiempo. (Calderón, 2011).

Debemos diferenciar el trabajo doméstico de las labores de cuidado, considerando que las labores domésticas son el género y una de las especies son las labores de cuidado, pues quien está en un hogar no necesariamente realiza ambos trabajos.

La conceptualización del cuidado no estuvo en el horizonte de preocupaciones de los teóricos clásicos de las ciencias sociales. Fue a partir del surgimiento de la crítica feminista al pensamiento económico en la década de los años setenta que la cuestión comenzó a ser discutida. Desde entonces, se puede trazar una línea histórica de desarrollo y cambio en la conceptualización del tema desde la visibilización del trabajo doméstico, el debate sobre qué se produce en el hogar y la conceptualización de esas tareas en el estudio de la relación entre los procesos sociales de producción y reproducción, hasta el análisis de los regímenes de bienestar utilizando la noción de cuidado, treinta años después.

El punto de partida reside en la diferenciación entre "casa" y "trabajo", o sea, la separación entre los procesos de producción social integrados al mercado capitalista a través de la división del trabajo, y los procesos ligados al consumo y la reproducción realizados en el ámbito doméstico, en el mundo privado y en la intimidad de la familia. El análisis sistemático y riguroso de los procesos de producción ha sido el territorio de la economía, y es frente a ella–tanto en lo referente a las maneras de llevar adelante las cuentas nacionales como en la conceptualización académica de la disciplina–que se han planteado las cuestiones relativas a la domesticidad, a la reproducción y al cuidado. (Esquivel, Faur y Jelin, 2012).

England y Folbre, señalan que las labores del cuidado engloban una multiplicidad de ocupaciones y actividades dentro y fuera del ámbito de la familia, que contribuyen al bienestar físico y mental de sus miembros, incluyendo: el trabajo sin remuneración realizado por los miembros del grupo familiar; las labores domésticas y de cuidado de niños, ancianos y enfermos realizadas remuneradamente; y actividades y ocupaciones relacionadas con la educación y la salud del grupo familiar (Valenzuela y Mora, 2009).

Para Larguía y Dumoulin la labor doméstica, como parte de la cotidianidad, puede ser vista como el conjunto de tareas, habituales y repetitivas en su mayor parte, que asegura la reproducción social en sus tres sentidos: la reproducción biológica, que en el plano familiar significa gestar y tener hijos (y en el plano social se refiere a los aspectos socio-demográficos de la fecundidad); la organización y ejecución de las tareas de la reproducción cotidiana, o sea, las tareas domésticas que permiten el mantenimiento y la subsistencia de los miembros de la familia que, en tanto trabajadores asalariados, reponen sus fuerzas y capacidades para poder seguir ofreciendo su fuerza de trabajo día a día; y la reproducción social, o sea, las tareas dirigidas al mantenimiento del sistema social, especialmente en el cuidado y la socialización temprana de los niños, que incluye el cuidado corporal pero también la transmisión de normas y patrones de conducta aceptados y esperados. (Esquivel, Faur y Jelin, 2012).

Debemos tener muy claro que por labores domésticas debemos entender los trabajos realizados para que un hogar funcione, tales como el aseo, preparación de alimentos, lavado y planchado de ropa y por labores de cuidado debemos entender la atención de menores, ancianos y/o incapacitados o enfermos de forma permanente o temporal.

III. LA PONDERACIÓN DE LAS LABORES DE CUIDADO

Para algunos investigadores tratar de medir el cuidado mediante encuestas de uso del tiempo es inadecuado, pues las labores de cuidado se realizan respondiendo a la aparición de necesidades y no a estar midiéndolo con un reloj o cronometro.

Para otros/as, el problema no es tanto la metodología lineal del diario de actividades, sino el énfasis que esta metodología pone sobre el contenido instrumental del cuidado. El cuidado queda reducido a su dimensión material reflejada en las actividades registradas y medidas. Por ejemplo, Folbre señala que "la cantidad de cuidado de niños/as mayores registrados en las encuestas (de uso del tiempo) disminuye notoriamente, no porque no necesitan cuidado sino porque es mucho más difícil definir en qué consiste ese cuidado cuando no puede ser reducido a actividades como alimentar o bañar..." (Esquivel, Faur y Jelin, 2012).

A pesar de las criticas antes señaladas en México según la Encuesta Nacional sobre Uso del tiempo (ENUT), en nuestro país las mujeres realizan 29.8 horas de trabajo semanal en labores domésticas y los hombres solo 9.7 horas, por cuanto hace a las labores de cuidado, invierten 28.8 horas semanales frente a los hombres que destinan 12.4 horas, es decir ellas destinan 39.8 % más de su tiempo a labores de cuidados de otras personas, (puede ser a hijos, discapacitados, ancianos, personas con una enfermedad permanente o temporal). (Muñoz, 2017)

El asumir que el rol de la mujer es necesariamente realizar las labores de cuidado al interior del hogar, genera que se vean impedidas a desarrollarse en otros aspectos, o incluso se presentan casos en los que ya estando laborando se ven obligadas a dejar sus empleos, porque no existe otra persona que cuide de ancianos, enfermos temporales y/o discapacitados, perdiendo con ello cualquier independencia económica que hubiese podido tener.

Para ayudarnos a entender lo que representan las labores de cuidado y domesticas en la economía, la Suprema Corte Justicia de la Nación al resolver el amparo en revisión número 7134/2018, retoma datos aportados por el Instituto Nacional de Estadística y Geografía (INEGI), al mostrar los resultados de la "Cuenta Satélite del Trabajo No Remunerado de los Hogares de México" (para dos mil quince y dos mil diecisiete), establecen en primer lugar que se consideran como trabajo no remunerado y de cuidado, en los hogares en México: la alimentación; limpieza y cuidado de la ropa o calzado; cuidado y apoyo; ayuda a otros hogares y trabajo voluntario; limpieza y mantenimiento a la vivienda; y, las compras y administración del hogar.

Y que para 2015, el valor económico del trabajo no remunerado doméstico y de cuidados alcanzó un nivel equivalente a 4.4 billones de pesos, lo que representó el 24.2% del Producto Interno Bruto (PIB) del país; de esta participación las mujeres aportaron 18 puntos y los hombres 6.2 puntos. "Como proporción del PIB del fue superior al alcanzado por algunas actividades económicas como la industria manufacturera, el comercio y los servicios inmobiliarios y de alquiler de bienes muebles e intangibles de manera individual" (Instituto Nacional de Estadística y Geografía [INEGI], 2018).

Los datos obtenidos en el estudio Cuenta Satélite del Trabajo No Remunerado de los Hogares de México, 2015 señalan que la mayor parte de las labores domésticas y de cuidados fueron realizadas por las mujeres, con el 77.2% del tiempo que los hogares destinaron a estas actividades, lo que correspondió, a su vez, al 74.3% si se habla en términos del valor económico.

En dicha sentencia se hace referencia a que el trabajo de las mujeres tuvo un valor equivalente a 49,586 pesos, mientras que el de los hombres fue de 18,109 pesos durante el mismo año. "Estas cifras reflejan el sueldo neto que podrían percibir los miembros del hogar por realizar una actividad similar en el mercado" (INEGI, 2020). Y que en el caso de los hogares con parejas casadas, y con presencia de hijas/os pequeños, estas cifras se disparan aún más. Por ejemplo, el valor económico del trabajo doméstico y de cuidados de los varones que están casados o unidos y colaboran con labores domésticas y de cuidados fue equivalente a 19,571 pesos; mientras que la aportación de las mujeres en la misma situación ascendió a 64,031 pesos.

Las mujeres que habitan en hogares nucleares con presencia de menores de seis años aportaron en promedio 63,413 pesos con actividades como cuidados y apoyo principalmente, mientras que para aquellas mujeres que viven en hogares que no cuentan con niños menores de seis años el monto fue de 43,237 pesos. Durante dos mil diecisiete, el valor económico del trabajo no remunerado en labores domésticas y de cuidados alcanzó un nivel equivalente a 5.1 billones de pesos, lo que representó el 23.3% del PIB del país; de esta participación las mujeres aportaron 18 puntos y los hombres 6.2 puntos. (INEGI, 2020).

Una vez que se ha puesto de relieve la importancia económica que representan las labores de cuidado y las del hogar en nuestro país, analizaremos los avances legislativos y jurisprudenciales en esta materia para su reconocimiento y visibilización.

IV.   AVANCES EN MEXICO PARA EL RECONOCIMIENTO DE LAS LABORES DE CUIDADO

Nuestro país ha realizado infinidad de reformas a la Constitución y otros ordenamientos secundarios para sostener la igualdad de derechos, sin embargo, esta tan anhelada igualdad no se ve en reflejada en los hechos de manera tajante a pesar de que se comienzan a realizar algunas adaptaciones a la legislación.

El cuatro de junio del presente año, se publicó el Decreto por el que se adicionan diversas disposiciones de la Ley del Seguro Social, de la Ley del Instituto de Seguridad y Servicios Sociales de los Trabajadores del Estado y de la Ley Federal del Trabajo.

Artículo Primero.- Artículo 140 Bis de la Ley del Seguro Social.- Para los casos de madres o padres trabajadores asegurados, cuyos hijos de hasta dieciséis años hayan sido diagnosticados por el Instituto con cáncer de cualquier tipo, podrán gozar de una licencia por cuidados médicos de los hijos para ausentarse de sus labores en caso de que el niño, niña o adolescente diagnosticado requiera de descanso médico en los periodos críticos de tratamiento o de hospitalización durante el tratamiento médico, de acuerdo a la prescripción del médico tratante, incluyendo, en su caso, el tratamiento destinado al alivio del dolor y los cuidados paliativos por cáncer avanzado.

El Instituto podrá expedir a alguno de los padres trabajadores asegurados, que se sitúe en el supuesto previsto en el párrafo que antecede, una constancia que acredite el padecimiento oncológico y la duración del tratamiento respectivo, a fin de que el patrón o patrones de éstos tengan conocimiento de tal licencia.

La licencia expedida por el Instituto al padre o madre trabajador asegurado tendrá una vigencia de uno y hasta veintiocho días. Podrán expedirse tantas licencias como sean necesarias durante un periodo máximo de tres años sin que se excedan trescientos sesenta y cuatro días de licencia, mismos que no necesariamente deberán ser continuos.

Los padres o madres trabajadores asegurados ubicados en el supuesto establecido en los párrafos que anteceden y que hayan cubierto por lo menos treinta cotizaciones semanales en el periodo de doce meses anteriores a la fecha del diagnóstico por los servicios médicos institucionales, y en caso de no cumplir con este periodo, tener al menos registradas cincuenta y dos semanas de cotización inmediatas previas al inicio de la licencia, gozarán de un subsidio equivalente al sesenta por ciento del último salario diario de cotización registrado por el patrón.

La licencia a que se refiere el presente artículo únicamente podrá otorgarse a petición de parte, ya sea al padre o madre que tenga a su cargo el ejercicio de la patria potestad, la guarda y custodia del menor. En ningún caso se podrá otorgar dicha licencia a ambos padres trabajadores del menor diagnosticado.

Las licencias otorgadas a padres o madres trabajadores previstas en el presente artículo cesarán:

I.   Cuando el menor no requiera de hospitalización o de reposo médico en los periodos críticos del tratamiento;

II.   Por ocurrir el fallecimiento del menor;

III. Cuando el menor cumpla dieciséis años;

IV. Cuando el ascendiente que goza de la licencia sea contratado por un nuevo patrón.

Artículo Segundo.- Se adiciona un artículo 37 Bis a la Ley del Instituto de Seguridad y Servicios Sociales de los Trabajadores del Estado, para quedar como sigue:

Artículo 37 Bis. Para los casos de madres o padres trabajadores asegurados, cuyos hijos de hasta dieciséis años hayan sido diagnosticados por el Instituto con cáncer de cualquier tipo, podrán gozar de una licencia por cuidados médicos de los hijos para ausentarse de sus labores en caso de que el niño, niña o adolescente diagnosticado requiera de descanso médico en los periodos críticos de tratamiento o de hospitalización durante el tratamiento médico, de acuerdo a la prescripción del médico tratante, incluyendo, en su caso, el tratamiento destinado al alivio del dolor y los cuidados paliativos por cáncer avanzado.

El Instituto podrá expedir a alguno de los padres trabajadores asegurados, que se sitúe en el supuesto previsto en el párrafo que antecede, una constancia que acredité el padecimiento oncológico y la duración del tratamiento respectivo, a fin de que el patrón o patrones de éstos tengan conocimiento de tal licencia.

La licencia expedida por el Instituto al padre o madre trabajador asegurado tendrá una vigencia de uno y hasta veintiocho días. Podrán expedirse tantas licencias como sean necesarias durante un periodo máximo de tres años sin que excedan trescientos sesenta y cuatro días de licencia, mismos que no necesariamente deberán ser continuos.

Los padres o madres trabajadoras asegurados ubicados en el supuesto establecido en los párrafos que anteceden y que hayan cubierto por lo menos treinta cotizaciones semanales en el periodo de doce meses anteriores a la fecha del diagnóstico por los servicios médicos institucionales, y en caso de no cumplir con este periodo, tener al menos registrada cincuenta y dos semanas de cotización inmediatas previas al inicio de la licencia, gozarán de un subsidio equivalente al sesenta por ciento del último salario diario de cotización registrado por el patrón.

La licencia a que se refiere el presente artículo únicamente podrá otorgarse a petición de parte, ya sea al padre o madre que tenga a su cargo el ejercicio de la patria potestad, la guarda y custodia del menor. En ningún caso se podrá otorgar dicha licencia a ambos padres trabajadores del menor diagnosticado.

Las licencias otorgadas a padres o madres trabajadores previstas en el presente artículo cesarán:

I. Cuando el menor no requiera de hospitalización o de reposo médico en los periodos críticos del tratamiento;

II. Por ocurrir el fallecimiento del menor;

III. Cuando el menor cumpla dieciséis años;

[117]

IV.   Cuando el ascendiente que goza de la licencia sea contratado por un nuevo patrón.

Artículo Tercero.- Se adicionan una fracción IX al artículo 42; una fracción XXIX Bis al artículo 132 y un artículo 170 Bis a la Ley Federal del Trabajo, para quedar como sigue:

Artículo 42.- ...

I. a VI. ...

VII. La Falta de los documentos que exijan las Leyes y reglamentos, necesarios para la prestación del servicio, cuando sea imputable al trabajador;

VIII. La conclusión de la temporada en el caso de los trabajadores contratados bajo esta modalidad, y

IX. La licencia a que se refiere el artículo 140 Bis de la Ley del Seguro Social.

Artículo 132.- ...

I.- a XXIX.- ...

XXIX Bis.- Otorgar las facilidades conducentes a los trabajadores respecto de las licencias expedidas por el Instituto según lo establece el artículo 140 Bis de la Ley del Seguro Social.

Artículo 170 Bis.- Los padres o madres de menores diagnosticados con cualquier tipo de cáncer, gozarán de la licencia a que se refiere el artículo 140 Bis de la Ley del Seguro Social, en los términos referidos, con la intención de acompañar a los mencionados pacientes en sus correspondientes tratamientos médicos.

Las reformas y adiciones antes transcritas representan un avance en la protección del derecho al trabajo de las mujeres que ante una enfermedad como el cáncer de sus hijos menores puedan dedicarse a las labores de cuidado sin perder su trabajo, con las consecuencias económicas que ello conlleva en la parte económica para ellas y para sus dependientes económicos, sin embargo tal reforma parece no ser suficiente pues limita a que solo se trate de cáncer como si fuera la única enfermedad que requiriese que los padres atendieran a sus hijos, considero debió dejarse en manos de los facultativos de manera más general la decisión de determinar si el padecimiento del menor requiere de cuidados especiales, pongamos por ejemplo en el caso de que los menores sufran un accidente, requieran una intervención quirúrgica o padezcan una enfermedad crónico degenerativa como diabetes, enfermedades cardíacas, asma, epilepsia etc.

Otorgar licencias por cuidados médicos únicamente en casos de cáncer en hijos menores de 16 años, es desde nuestra óptica violatorio del principio de igualdad, pues coloca en una situación desfavorecedora a los padres cuyos hijos tengan otros padecimientos y deja fuera la posibilidad de los y las trabajadores de realizar labores de cuidado en casos donde se vean afectados sus padres, cónyuges y/o hijos mayores de 16 años.

Por otra parte, se han comenzado a establecer criterios jurisprudenciales que pretender reconocer la importancia del trabajo del hogar y otorgarle un valor económico. A continuación transcribiremos algunos de ellos.

TESIS QUE DEFINE AL TRABAJO DEL HOGAR.

TRABAJO DEL HOGAR. PARA ESTABLECER EL MONTO DE LA COMPENSACIÓN PREVISTA EN EL ARTÍCULO 267, FRACCIÓN VI, DEL CÓDIGO CIVIL PARA EL DISTRITO FEDERAL, EL JUEZ DEBE CONSIDERAR SUS DIVERSAS MODALIDADES.

Esta Primera Sala de la Suprema Corte de Justicia de la Nación ha señalado que la finalidad del mecanismo compensatorio previsto en el artículo 267, fracción VI, del Código Civil para el Distrito Federal es resarcir el perjuicio económico sufrido por el cónyuge que, en aras del funcionamiento del matrimonio, asumió determinadas cargas domésticas y familiares sin recibir remuneración económica a cambio. En este sentido, la disposición trata de compensar el costo de oportunidad asociado a no haber podido desarrollarse en el mercado de trabajo convencional con igual tiempo, intensidad y diligencia que el otro cónyuge. Ahora bien, al establecer el monto de la compensación, el juez debe tomar en consideración que la dedicación al hogar y al cuidado de los dependientes puede traducirse en una multiplicidad de actividades no excluyentes entre sí, y que deben valorarse en lo individual. Entre ellas, es posible distinguir los siguientes rubros: a) ejecución material de las tareas del hogar que pueden consistir en actividades tales como barrer, planchar, fregar, preparar alimentos, limpiar y ordenar la casa en atención a las necesidades de la familia y el hogar; b) ejecución material de tareas fuera del hogar, pero vinculadas a la organización de la casa y la obtención de bienes y servicios para la familia, que puede consistir en gestiones ante oficinas públicas, entidades bancarias o empresas suministradoras de servicios, así como compras de mobiliario, enseres para la casa y productos de salud y vestido para la familia; c) realización de funciones de dirección y gestión de la economía del hogar, que comprende dar órdenes a empleados domésticos sobre el trabajo diario y supervisarlos, así como hacer gestiones para la reparación de averías, mantenimiento y acondicionamiento del hogar; y d) cuidado, crianza y educación de los hijos, así como el cuidado de parientes que habiten el domicilio conyugal, lo que abarca el apoyo material y moral de los menores de edad y, en ocasiones, de personas mayores, que implica su atención, alimentación y acompañamiento físico en sus actividades diarias. En este orden de ideas, las diversas modalidades del trabajo del hogar son elementos a considerar para determinar el monto de la eventual compensación, sin que el apoyo de empleados domésticos en el domicilio conyugal excluya por sí solo la procedencia del mecanismo compensatorio previsto en la legislación, sino que únicamente graduará la cantidad a fijarse. Lo anterior, a fin de no invisibilizar las distintas vertientes del trabajo del hogar, pues ello iría en contra de la finalidad misma de la disposición legal y, por ende, de los artículos 1o. y 4o. de la Constitución Federal.

PRIMERA SALA

PRECEDENTES:

Amparo directo en revisión 4909/2014. 20 de mayo de 2015. Cinco votos de los M.A.Z.L. de Larrea, J.R.C.D., J.M.P.R., O.S.C. de G.V., quien formuló voto concurrente, y A.G.O.M.. Ponente: J.R.C.D.. Secretaria: L.H.O. y Villa.

SENTENCIA DEL AMPARO EN REVISIÓN 7134/2018.

De igual forma en los argumentos esgrimidos en la sentencia del amparo en revisión 7134/2018, se establece de manera categórica el hecho de que la sociedad conyugal protege a la mujer cuando ésta dedica su tiempo a las labores de cuidado y del hogar y por tanto no genera su propia riqueza, atribuyendo un valor económico a dichas labores, en relación a este punto se expresa de la forma siguiente:

Esta Primera Sala no advierte que el régimen de sociedad conyugal, al establecer que los bienes adquiridos durante el matrimonio formarán parte de ésta, sea lesivo del derecho a la igualdad y no discriminación de las mujeres, así como de su derecho a vivir libres de violencia. A consideración de esta Primera Sala de la Suprema Corte de Justicia de la Nación, el principio de autonomía de la voluntad goza de rango constitucional y no debe ser reconducido a un simple principio que rige el derecho civil. Así las cosas, el respeto del individuo como persona requiere el respeto de su autodeterminación individual, por lo que si no existe libertad del individuo para estructurar sus relaciones jurídicas de acuerdo con sus deseos, no se respeta la autodeterminación de ese sujeto. Aunado a lo anterior, el principio de autonomía de la voluntad tiene reflejo en el derecho de propiedad y en la libertad de contratación, la cual también es un elemento central del libre desarrollo de la personalidad, y en cuya virtud las partes de una relación jurídica son libres para gestionar su propio interés y regular sus relaciones, sin injerencias externas." Es decir, la sola previsión del régimen no es suficiente para generar el impacto desproporcionado aludido por la recurrente. Al contrario, dicho régimen se instauró en un contexto donde una gran parte de las mujeres no trabajaban remuneradamente y, por ende, no formulaban riqueza propia, pues la gran mayoría se dedicaba a las tareas domésticas sin retribución alguna. En ese contexto, era el varón el que realizaba las actividades laborales fuera de casa con remuneración, permitiéndole generar o incrementar su patrimonio. Por ello, con la intención de proteger a las mujeres que se encontraban en esa situación, el legislador determinó que -cuando se optaba por este tipo de régimen- independientemente de si alguno de los cónyuges aportaba o no económicamente para construir el patrimonio, los bienes obtenidos durante el matrimonio conformarían la sociedad conyugal legal y se liquidaría en partes iguales, si no había capitulaciones matrimoniales que establecieran lo contrario. Ello, pues se partía de la idea de que el varón era proveedor y que la mujer cumplía su "rol" realizando las labores del hogar y, por ello, era justo que le correspondiera la mitad de lo que el esposo había adquirido con el trabajo externo. Artículo 183. La sociedad conyugal se regirá por las capitulaciones matrimoniales que la constituyan, y en lo que no estuviere expresamente estipulado, por las disposiciones generales de la sociedad conyugal. Los bienes adquiridos durante el matrimonio formarán parte de la sociedad conyugal, salvo pacto en contrario. Artículo 182 Quáter. Salvo pacto en contrario, que conste en las capitulaciones matrimoniales, los bienes y utilidades a que se refiere el artículo anterior corresponden por partes iguales a ambos cónyuges. Por tanto, el mensaje que el legislador quería dar era que la mujer debía ser protegida para poder participar del patrimonio que constituía el esposo. Aunque el hecho de concebir a las mujeres cumpliendo un "rol" al realizar las labores del hogar y sin posibilidad para adquirir su propia riqueza, supone una idea estereotipada de que las mujeres tienen una posición subordinada respecto al hombre, que sólo llevan a cabo tales tareas y que son menos capaces de contribuir en la generación de riqueza en el matrimonio; sin embargo, la cuestión de si el legislador tenía o no la intención de discriminar es irrelevante para el análisis del precepto impugnado, pues lo que se debe evaluar es si la norma causa o no una discriminación directa o indirecta en el contexto social actual.

SENTENCIA DEL AMPARO DIRECTO EN REVISIÓN 4883/2017.

En esta resolución se pone de manifiesto que es posible el pago de compensación cuando el cónyuge acredite que durante el matrimonio se dedicó al hogar y al cuidado de los hijos, incluso cuando haya realizado algún trabajo remunerado fuera de casa.

La Primera Sala determinó que resulta inconstitucional la interpretación efectuada por el órgano colegiado, toda vez que la institución de compensación tiene como eje rector mitigar la inequidad que soportó alguno de los cónyuges como consecuencia de la dedicación al trabajo del hogar y, en su caso, al cuidado de los hijos, por lo que, la doble jornada, esto es, asumir las cargas familiares y adicionalmente un empleo remunerado, no puede constituir un obstáculo para acceder al mecanismo compensatorio.

En ese sentido, la Primera Sala señaló que puede accederse al mecanismo compensatorio cuando el cónyuge solicitante acredite que se dedicó al trabajo del hogar y, en su caso, al cuidado de los hijos, ello incluso cuando haya dedicado alguna proporción de su tiempo al trabajo remunerado fuera de casa.

Así, se explicó que la finalidad de la institución de compensación es colocar en igualdad de derechos al cónyuge que, al asumir las cargas domésticas y familiares, no logró desarrollarse en el mercado laboral con igual tiempo, intensidad y diligencia que el otro cónyuge, provocando un detrimento en su patrimonio, por

[121]

tanto, el supuesto de desempeñarse en el trabajo del hogar y, en su caso, al cuidado de los hijos, debe entenderse aplicable en aquellos casos en que persista una situación de inequidad entre los cónyuges que tenga que mitigarse a través del mecanismo compensatorio, ya sea porque el cónyuge solicitante se dedicó de forma exclusiva al hogar, o bien, porque realizó doble jornada.

La Primera Sala indicó que bajo esta interpretación el órgano colegiado debió evaluar si la solicitante se dedicó en mayor proporción que su excónyuge al cuidado de los hijos y del hogar, no obstante que hubiera dedicado alguna parte de su tiempo a sus actividades profesionales, y si ello le generó algún costo de oportunidad, es decir, si no adquirió bienes propios o los que adquirió son notoriamente inferiores a los de su expareja.

CONCLUSIÓN

México presenta avances en el reconocimiento legal y jurisprudencial de las labores domésticas y de cuidado, sin embargo, falta mucho por avanzar, tal es el caso de la Ley Federal del Trabajo en la que como se dijo al definir el trabajo doméstico deja fuera las labores de cuidado, como un trabajo con derecho a una remuneración económica, de igual forma los avances que presenta la legislación relativa al otorgamiento de licencias de cuidados médicos viola los principios de igualdad y deja fuera permitir a los y las trabajadores realizar dichas labores respecto de familiares como padres, esposos e hijos mayores de 16 años y por enfermedades o situaciones distintas de padecer algún tipo de cáncer. Por último y no por ello de menor importancia, los criterios novedosos de la Corte y de los órganos jurisdiccionales relacionados con el valorizar las labores domésticas y de cuidados, no se ven aún reflejados en reformas legislativas, que impacten en los códigos civiles que regulan este tema.

Es medular continuar con los avances antes planteados, no solo desde el punto de vista legal sino también operativo, al ser las mujeres las que en mayor medida cubren con la realización de las labores de cuidado y domésticas, trabajar en reconocer su importancia es avanzar en el anhelado empoderamiento.

REFERENCIAS

Lamas, M. (2007). La perspectiva de género. https://www.ses.unam.mx/curso2007/pdf/genero_perspectiva.pdf

Real Academia de la Lengua Española. (s.f.). Labor. En *Diccionario de la Lengua Española*. Recuperado en 20 de agosto de 2024, de https://dle.rae.es/labor?m=form

Claderón, L. (2011). *Enfoque ergonómico de las posturas adoptadas en sus labores domésticas por las amas de casa de la parroquia "El Señor de la Paz" - San Martín de Porres, durante septiembre 2010 a enero 2011.* [Tesis de Licenciatura, Univer-

sidad   Nacional   Mayor   De   San   Marcos].
https://core.ac.uk/download/pdf/323352475.pdf

Esquivel, V., Faour, E. y Jelin, E. (2012), Hacia la conceptualización del cuidado; Familia,   mercado   y   estado. https://www.academia.edu/38657430/Hacia_la_conceptualizaci%C3%B3n_del_cui dado_familia_mercado_y_estado

Valenzuela, M. y Mora, C. (2009) Trabajo doméstico: un largo camino hacia el trabajo decente   Santiago.   http://www.oit.org/wcmsp5/groups/public/---americas/---ro-lima/---sro santiago/documents/publication/wcms_180549.pdf

Muñoz, A. (Julio de 2017) "Valorar lo invisible": el trabajo de cuidados". Animal Político.   https://www.animalpolitico.com/de-generando/valorar-lo-invisible-el-trabajo-de-cuidados/

Instituto Nacional de Estadística y Geografía. (2018). CUENTA SATÉLITE DEL TRABAJO NO REMUNERADO DE LOS HOGARES DE MÉXICO, 2017. https://www.inegi.org.mx/contenidos/saladeprensa/boletines/2018/StmaCntaNal/C STNRH2017.pdf

Instituto Nacional de Estadística y Geografía. (2020). CUENTA SATÉLITE DEL TRABAJO NO REMUNERADO DE LOS HOGARES DE MÉXICO, 2019. https://www.inegi.org.mx/contenidos/saladeprensa/boletines/2020/StmaCntaNal/C STNRH2019.pdf

Ley del Seguro Social. (21 de diciembre de 1995). DOF 21-12-1995.

Suprema Corte de Justicia de la Nación. Primera Sala. Amparo directo en revisión 4909/2014, M.P. José Ramón Cossío Díaz; 20 de mayo de 2015.

Amparo Directo En Revisión: 7134/2018 [Suprema Corte de Justicia de la Nación]. "La cesación de la sociedad conyugal es procedente cuando el cónyuge varón ejerce violencia económica sobre su esposa (Legislación Civil de la Ciudad de México)". 21 de agosto de 2019.

Amparo Directo En Revisión 4883/2017 [Suprema Corte de Justicia de la Nación]. resuelve el recurso de revisión 4883/2017, interpuesto por [LUISA], en contra de la resolución que dictó el Primer Tribunal Colegiado en Materia Civil del Primer Circuito. 28 de febrero de 2018.

Árbitros invitados

Agradecemos su colaboración para el dictamen de los capítulos de este libro a profesores investigadores integrantes de cuerpos académicos y grupos de investigación de la División Académica Multidisciplinaria de los Ríos de la Universidad Juárez Autónoma de Tabasco:

Dra. Adriana Centeno Landero. Licenciatura en Administración. División Académica Multidisciplinaria de los Ríos. Universidad Juárez Autónoma de Tabasco. México.

Dra. Ana Laura Luna Jiménez. Cuerpo Académico Desarrollo Sustentable. División Académica Multidisciplinaria de los Ríos. Universidad Juárez Autónoma de Tabasco. México.

Dr. Arturo Enrique Jasso Rodríguez. Licenciatura en Derecho. División Académica Multidisciplinaria de los Ríos. Universidad Juárez Autónoma de Tabasco. México.

Dr. Arturo Magaña Contreras. Licenciatura en Administración. División Académica Multidisciplinaria de los Ríos. Universidad Juárez Autónoma de Tabasco. México.

Dr. Carlos Romeo Rodríguez Mazariego. Cuerpo Académico Derechos Humanos, Grupos Vulnerables y Políticas Públicas. División Académica Multidisciplinaria de los Ríos. Universidad Juárez Autónoma de Tabasco. México.

Dra. Erika Guadalupe Ceballos Falcón. Licenciatura en Administración. División Académica Multidisciplinaria de los Ríos. Universidad Juárez Autónoma de Tabasco. México.

Psic. Gloria Guadalupe Rodríguez Chan. División Académica Multidisciplinaria de los Ríos. Universidad Juárez Autónoma de Tabasco. México.

Mtro. Hardy Francisco Platas Rodríguez. División Académica Multidisciplinaria de los Ríos. Universidad Juárez Autónoma de Tabasco. México.

Dra. Hilda Guadalupe Alperte Rodríguez. Licenciatura en Derecho. División Académica Multidisciplinaria de los Ríos. Universidad Juárez Autónoma de Tabasco. México.

Dra. Jessica Yoselin Pérez Ricárdez. Licenciatura en Derecho. División Académica Multidisciplinaria de los Ríos. Universidad Juárez Autónoma de Tabasco. México.

Dr. Jesús Antonio Ramos Ferrer. Grupo de Investigación Estudios Transdisciplinarios Jurídicos y de Administración. División Académica Multidisciplinaria de los Ríos. Universidad Juárez Autónoma de Tabasco. México.

Dr. Jesús Chan Hernández. Licenciatura en Administración. División Académica Multidisciplinaria de los Ríos. Universidad Juárez Autónoma de Tabasco. México.

Mtro. José Adolfo Pérez de la Rosa. Licenciatura en Derecho. División Académica Multidisciplinaria de los Ríos. Universidad Juárez Autónoma de Tabasco. México.

Mtro. José Luis Hernández Juárez. Licenciatura en Informática Administrativa. División Académica Multidisciplinaria de los Ríos. Universidad Juárez Autónoma de Tabasco. México.

Dr. Luis Abraham Paz Medina. Cuerpo Académico Derechos Humanos, Grupos Vulnerables y Políticas Públicas. División Académica Multidisciplinaria de los Ríos. Universidad Juárez Autónoma de Tabasco. México.

Lic. Marielvira Guadalupe Murillo Hernández. Maestría en Gestión e Innovación para las Organizaciones. División Académica Multidisciplinaria de los Ríos. Universidad Juárez Autónoma de Tabasco. México.

Dra. Marisol González Hernández. Cuerpo Académico Derechos Humanos, Grupos Vulnerables y Políticas Públicas. División Académica Multidisciplinaria de los Ríos. Universidad Juárez Autónoma de Tabasco. México.

Mtra. Martha Esther May Gutiérrez. División Académica Multidisciplinaria de los Ríos. Universidad Juárez Autónoma de Tabasco. México.

Mtro. Rafael Rosario Grajales. División Académica Multidisciplinaria de los Ríos. Universidad Juárez Autónoma de Tabasco. México.

Dr. Román Jiménez Vera. Cuerpo Académico Desarrollo Sustentable. División Académica Multidisciplinaria de los Ríos. Universidad Juárez Autónoma de Tabasco. México.